JN323299

アパマン経営、なぜ失敗するのか?

間違いだらけの投資判断を一刀両断!

公認会計士・税理士 鹿谷哲也

新評論

はじめに

　今日は土曜日です。したがって会社は休み、誰もいません。私1人で出社し、こうして、この本の「はじめに」を書き始めたのです。

　昨日までにすべての原稿を書き終えました。そして最後に残ったのが、この「はじめに」です。「はじめに」というのは読者の皆様に対するご挨拶でしょうから、最後に書いても別に構わないのでしょうね？

　ところで前回書いた本「アパマン経営・節税テクニック　これがすべてです！」の初版発行日が2004年7月31日となっているので、かれこれ5年近く経っています。

　もっと早く書く予定だったのですが、今日までずるずると延びてしまいました。

　年賀状の挨拶に「今年は本を出版する予定です」と何度書いたことか、また出版社の担当者からの年賀状に「今年は期待しております」と何度書かれたことか(出版社の方というのは辛抱強い人でないと勤まりませんね)。

　実は今回で5冊目になるのですが、これほど書くのに苦労したことは今までありませんでした。とりあえず書き始めるのですが、こんなこと書いても仕方ないな、と途中で放り投げてしまったことが何度あったことか！

　でも最終的にこうして書き上げることができました。毎日少しずつでも続けていればいつかは陽の目を見る。継続は力なり、何のこっちゃ。

　ところで、今回の本のタイトルは「アパマン経営、なぜ失敗するのか？」。

　私の処女作のタイトルは「相続対策失敗事例集」(1990年発行)。いずれも"失敗"という言葉がついていますが、内容はかなり違います。

　「相続対策・・・」のほうは相続対策の失敗原因とか失敗しないための対策をメインに取り扱っていますが、今回の「アパマン経営、なぜ失敗するのか？」ではアパマン経営というビジネスそのものに焦点を当てています。

i

ところでアパマン経営の失敗というと、まず最初に浮かぶのが入居率のことではないでしょうか？
　もちろん入居率をアップさせることは非常に重要ではありますが、たとえ入居率が100％であったとしても収支がマイナスになるケースというのは意外と多いのです。
　例えば、相続税対策のために立派なマンションを建てる場合がありますが、家賃相場を無視した建物であれば当然ながら収支はマイナスになります。
　また高額な物件(利回りの低い物件)を購入した場合も同様に収支はマイナスになるのです。高額な物件というのは一般的に所在場所も良く、建物のグレードも良いのです。
　したがって、ついつい買ってしまうことが多いのですが、自己資金で買うならまだしも借金して買ったりすると収支は真っ赤っか。お猿さんも顔負けです。
　でもリート（不動産投資信託）なんかが利回り4〜5％程度の物件をガンガン買っているじゃないかと反論する人がいますが、その人はリートの財務構造をまったくご存じないのだと思います。
　リートの財務構造については本文で詳しく解説しておりますのでシッカリと勉強して欲しいのですが、そういったことを知らないで自分に都合の良いように判断しようとするから"失敗"するのです。

　ところで日本の場合、少子高齢化が進み、総人口も遂に減少に転じることとなりましたが、このまま人口が減り続けたとしたらアパマン経営はどうなるのでしょうか？
　皆様方もご心配だろうと思いますので、私の考えを簡単に述べておくこととします。人口が減れば当然ながら必要とする物件数は減少します。したがって、短期的には空室が増えますが、空室が増えますと供給が減ってきますので、また空室率は下がっていくのです。

つまり人口が減少するにつれて、それに呼応するように供給量が調節されますので(当然ながらタイムラグはありますが・・・)、一方的に空室が増え続けたり家賃が下落し続けるということは本来ありえないのです。

経済学者であるアダム・スミスが言うところの「神の見えざる手」によって、自然と収まるところに収まるというわけです。

もちろん、以上述べたことはあくまでマクロでの話です。入居率というのは個々の物件の競争力に大きく左右されることになるということは論をまちません。

いずれにしても、これからはますます少子高齢化が進んでいきますので、待ちの状態ではお客様は見向きもしてくれません。したがって自分から積極的にアプローチしていく必要があります。

それでは具体的にどう対応していけばいいのでしょうか？ 以下、アパマン経営者の代表格であるサラリーマン大家さんと、たくさんの物件を所有している大地主さんに分けて、私なりの対応策を簡単にまとめておきましたので、ご参考にして下さい。

＜家賃収入を将来の年金のタシにしたいと考えている人＞

欲しい年金の額から逆算して投資額を決めます。例えば、公的年金以外に月額20万円(手取り)欲しいのであれば、それに見合った投資額にするわけです。

この場合、大切なのが投資額をそれ以上に増やさないことです。増やそうとすると、どうしても借金の額が多くなり、気持ち的にもシンドクなるのです。

また本文にも書きましたが、投資額を多くしたからといって必ずしも手取り収入が増えるわけではありません。**レバレッジ効果（テコの原理）のワナ**に嵌り、手取り収入が逆に減ってしまうこともあるのです。

ところで、家賃収入を年金のタシにする程度であれば所得税もそれほどかかりませんので、私がアチコチで書いているような心配事はあまり

ありません。想定の範囲内に収まるケースが多いのです。

　いずれにしても現金とか預金の場合には長生きすればするほど残高が少なくなっていきますが、アパマンのような収益物件の場合には公的年金と同じように死ぬまでお金を生み続けてくれます。

　もちろん、人間の寿命よりもアパマンの寿命が短ければそれまでですが、建て替えることもできますし、建物をキレイに維持すれば意外と長く使えるものです。

　またアパマンというのは、ご主人亡き後の奥さんの生活費をタダで提供してくれるという点で最高のプレゼントになります。

　私は相続のお手伝いもたくさんやらせていただいておりますので、こういった素晴らしい実例をたくさん経験しております。

　なお借金がある場合には生命保険を掛けておいたほうが良いでしょう。相続と共に無借金のアパマンが手に入るのですから・・・。

　このように家賃収入を年金のタシにするという程度であれば借金もそれほど抱え込むこともないでしょうから、日本の将来の人口減を大袈裟に心配する必要もないのではないかというのが私の考えです。

　ところで同じサラリーマンでも、できるだけ早い段階で退職しアパマンの家賃収入を生活の糧にしようとしている方がいらっしゃいます。特に、年収は多いが仕事がかなりキツイという方に多いようです。

　発想としては羨ましい限りですが、現実問題としてはかなり厳しいと思います。もちろん、それなりの自己資金が貯まっているとか、相続した土地があるというなら別です。

　でも、通常はどちらも無い状態からスタートする人が多いでしょうから、そのような場合にはできるだけ長期間にわたって計画的に取り組んでいく必要があると思います。

　不動産投資で儲けるのは一般に言われているほど簡単ではありません。自分の土地にアパマンを建てるのとは違って、そんなに儲かるわけがないのです(ガンガン儲かるのであれば売る人はいません)。

植木等ではありませんが、ある意味サラリーマンは気楽な商売なのです。この事実をシッカリと認識した上で計画的に取り組んでいただきたいと思います。

＜もともと大地主で土地をできるだけ減らしたくないと思っている人＞

　次は代々大地主で、自分の代ではできるだけ土地を減らしたくないと思っている方へのアドバイスです。

　実はこういった方の対策が一番難しいのです。その理由は大きく分けて2つあります。1つは税金、もう1つは土地それ自体にあります。

　まず税金ですが、広い土地の場合には当然ながら相続税が膨大な額になりますので、その対策のためにたくさんのアパマンを建てることになります。

　そうしますと、それに比例して当然ながら収入は増えますが、不動産所得に対して高い税率が適用されますので、手取り収入は思ったほど増えません。

　また本文で詳しく解説しておりますが、アパマン経営の場合には借金の返済期限が近づくにつれ、ますます所得税が増えていきます(所得が増えるとともに適用税率もアップするから)。

　一方、家賃収入は一般的に下落していきますので、税金を支払った残りの手取り収入は今後ますます減少していくというわけです。

　このようにアパマン経営からの手取り収入は、その構造的な仕組みから減少していくわけですが、おそらくほとんどの専門家もこの事実に気付いていないと思います。

　私は専用のソフトを作成して何度もシミュレーションしましたので分かったのですが、いずれにしても今後ますます厳しい状況に追い込まれていくことだけは間違いありません。

　したがって、できるだけ早急に考えられる限りの様々な対策を取っていく必要があるのです。

このように大地主の場合には相続税だけでなく所得税によっても自分の所有する土地を維持していくことが難しくなってきているのですが(手取り収入が多ければ相続税の延納に充当することが可能)、所有している土地の利用価値によっても大きく影響を受けます。
　当たり前ですが土地には収益性の高い土地と低い土地があります。そして収益性が高い土地の場合にはアパマン経営をしても特に問題ないのですが、相続税対策と称して収益性の低い土地に無理やりアパマンを建てるケースが何と多いことか！
　これでは失敗するのも当然です。それぞれの土地にはもともと最適な利用方法というものがあるのですが、それを無視して建てるのですから成功するワケがありません。
　アパマンがそれほど無かった時代であれば、ある程度交通の便が悪くてもどうにかなったのですが、これからは違います。日本の人口はドンドン減っていくのです。
　したがって、もし所有している土地の収益性があまり高くないのであれば、いっそのこと売却して、その資金で便利な場所にあるアパマンを購入すればいいのです。収益性が格段にアップします。
　つまり資産の組み換えです。ところがほとんどの人は逆のことをやっているのです。つまり自分の土地を守ろうとして入居者のいないアパマンを建てる。
　そして借金を返済するために土地を売却し土地をドンドン減らしていく。そして残った土地は相変わらず収益性の低い土地ばかり。これもすべて自分の土地に拘った結果です。
　老舗企業だって同じ。昔と同じことばかりやっていた会社はドンドン潰れて無くなっています。時代は変わったのです。
　こんなこと言うと、何も分かっちゃいないとお叱りを受けそうですが、私だって農家の倅。それなりに分かっているつもりです。他人の言うことなんか気にせず、ゴーイングマイウエイ！

はじめに

　ところで私のお客様の中には資産家の方がたくさんいらっしゃるのですが、皆さん真面目なのでしょうか、あまり贅沢をしません。

　ご自宅にもそれほどお金をかけませんし、旅行もほとんどしません。あまりお客さんのケチを言うのも何ですが、もう少し人生楽しんだほうが良いのではないでしょうか？

　資産家の人がお金を使わないと日本の経済は良くなりません。資産家よ、もっとお金を使おう！

平成21年5月

　　　　　　　　　　公認会計士・税理士　　鹿谷(しかたに)　哲也

アパマン経営、なぜ失敗するのか？

目次

第1章 ますます厳しくなるアパマン経営 　1

1. なぜアパマンオーナーは生活がだんだん厳しくなるのか？　3
   - (1) 家賃収入が減っていくから　3
   - (2) 修繕費が増えていくから　5
   - (3) 家賃収入が減っても所得税は増えるから　5
2. 転落人生を辿った、あるマンションオーナーのお話　12
3. 手取り収入を一定に保つ最も簡単な方法……元金均等(がんきんきんとう)返済　16

第2章 アパマンの投資判断は、こうする！　21

1. Ｊリートの場合、なぜ表面利回りが5％の物件でも利益が出るのか？　23
2. レバレッジ効果のワナ　28
3. 大切なのは新築時(購入時)から取壊し時(売却時)までのトータル・キャッシュフロー分析　34
   - A. 土地の有効活用としてアパマンを建設するケース　40
     - ・新築した建物を耐用年数が尽きるまで所有するケース　40
     - ・新築した建物を途中で売却するケース　43
   - B. 中古物件を購入するケース　47

第3章　土地活用の失敗原因と対策 53

1. 土地活用の"失敗"とは？ 55

　①空室が多くなり、
　　借金の返済がままならない状況になった 56

　②突然の契約解除により収入がゼロとなった 56

　③相続税の納税ができなくなってしまった 57

　④土地を手放すことになってしまった 58

　⑤不法入居者に悩まされることになった 58

　⑥火事とか地震で建物が崩壊した 58

2. 土地活用の失敗原因と対策 59

A. 個人でコントロールできるもの（内部要因） 59

　①建物の種類を間違えた 59

　②建物の規模とか仕様を間違えた 60

　③資金計画を間違えた 60

　④土地と建物のバランスを間違えた 62

　⑤建物の建築主を間違えた 64

　⑥建物を建てる土地を間違えた 65

　⑦建てる時期を間違えた 65

B. 個人ではコントロールできないもの（外部要因） 67

　①税制が大きく変わった 67

　②人口が大幅に減った 68

3. "土地活用の失敗"の本当の原因とは？ 70

　　①土地への執着心 70

　　②アバタもエクボ 72

　　③情報の非対称性 74

　　④贅沢病 77

第4章　キャッシュフローの改善に取り組もう！ 79

1. はじめに 81

2. まずは損益計算書の分析からスタートする 83

　　①物件ごとの損益・収支計算書を作成する 83

　　②物件ごとの利回り比較表を作成する 91

3. 相続税がかかる場合はチト難しい 94

4. どのような時点で実行したら良いか？ 96

　　①最適な節税対策は時々刻々変化する 96

　　②節税の仕組みを変えたほうが良いと思われる時期 ... 97

第5章　お金のかかる節税、かからない節税 99

1. はじめに 101

2. 「お金のかかる節税」と「お金のかからない節税」 102

3. お金のかかる節税 105

　　①少額資産の必要経費算入 105

　　②小規模企業共済制度 107

　　③国民年金基金 110

xi

④地震保険の加入 ・・・・・・・・・・・・・・・・・・・・ 111

　　　⑤不動産管理会社と不動産所有会社 ・・・・・・・・・・ 113

　　　⑥個人間でのアパマンの贈与・売買 ・・・・・・・・・・・・ 119

　　　⑦マイカー(自動車)の購入 ・・・・・・・・・・・・・・・ 122

　　　⑧短期前払費用 ・・・・・・・・・・・・・・・・・・・・・ 123

 4. お金のかからない節税 ・・・・・・・・・・・・・・・・・・ 126

　　　①青色申告特別控除 ・・・・・・・・・・・・・・・・・・ 126

　　　②青色事業専従者給与 ・・・・・・・・・・・・・・・・・ 130

　　　③白色事業専従者控除 ・・・・・・・・・・・・・・・・・ 131

　　　④家族に対する給与の支払 ・・・・・・・・・・・・・・・ 134

　　　⑤純損失の繰越し ・・・・・・・・・・・・・・・・・・・ 134

　　　⑥純損失の繰戻し ・・・・・・・・・・・・・・・・・・・ 137

　　　⑦資産損失の必要経費算入 ・・・・・・・・・・・・・・・ 138

　　　⑧未払金等の計上 ・・・・・・・・・・・・・・・・・・・ 140

 5. 青色・白色の各特典と事業的規模との関連 ・・・・・・・・ 144

　　(1)青色・白色の各特典と事業的規模 ・・・・・・・・・・・ 144

　　(2)事業的規模に該当するか否かの判定方法 ・・・・・・・・ 145

 6. 税務否認を受けないための重要ポイント ・・・・・・・・・ 146

　　(1)不動産管理料が高いとして否認された時のお話 ・・・・・ 146

　　(2)労働所得と不労所得 ・・・・・・・・・・・・・・・・・ 148

　　(3)各種節税方法と所得分類 ・・・・・・・・・・・・・・・ 149

 **7. 大切なのは様々な節税対策を
　　　どのように組み合わせていくかということ** ・・・・・・・ 151

第6章　消費税の還付請求は、こうする！ ……………… 153

1. はじめに ……………………………………………… 155
2. アパマン経営と消費税 ……………………………… 156
3. 消費税の申告はこうする！ ………………………… 159
    (1) 課税事業者と免税事業者 ……………………… 159
    (2) 原則課税方式と簡易課税方式 ………………… 161
    (3) 個別対応方式と一括比例配分方式 …………… 163
4. 税込み経理と税抜き経理の違いをしっかりマスターしよう！ …… 165
5. 計算例で申告書を理解する ………………………… 169
6. こんなに違う！　所得税との相違点 ……………… 177
7. 消費税還付請求の重要ポイント …………………… 179

第7章　アパマン経理と複式簿記 ……………………… 189

1. 単式簿記と複式簿記 ………………………………… 191
2. 単式簿記の具体例 …………………………………… 193
    (1) 家計簿の一般的説明 …………………………… 193
    (2) 家計簿は本当に単式簿記なのか？ …………… 195
    (3) 単式簿記の限界とは？ ………………………… 196
3. 複式簿記の具体例 …………………………………… 197
    (1) 複式簿記とは？ ………………………………… 197
    (2) 複式簿記では家計簿の事例をどのように処理するのか？ … 198

xiii

4. プロも戸惑うアパマン経理の仕訳事例 ・・・・・・・・・・・・・・ 204

事例 1・・・工事代金を支払ったときの仕訳 ・・・・・・・・・・ 204

事例 2・・・中古アパートを購入したときの仕訳 ・・・・・・・・ 207

事例 3・・・アパートを法人に売却したときの仕訳 ・・・・・・・ 215

事例 4・・・建物に係る消費税を還付請求するときの仕訳 ・・・ 217

事例 5・・・入居者から管理会社に
家賃等が振り込まれたときの仕訳 ・・・・・・・・・ 221

事例 6・・・入居者と新規に入居契約を締結したときの仕訳 ・・・ 223

事例 7・・・翌年分の家賃等を前受収益として振り替える仕訳 ・・ 226

事例 8・・・前受収益として処理した家賃等を
翌期首に元に戻す仕訳 ・・・・・・・・・・・・・・・ 229

事例 9・・・敷金を清算するときの仕訳―通常のケース ・・・・ 231

事例 10・・敷金を清算するときの仕訳―滞納があるケース ・・・ 235

第8章 アパマン専用の会計ソフト「らくらく社計簿」のご紹介 241

1.「らくらく社計簿」の位置付け ・・・・・・・・・・・・・・・・・・ 243

2. 特徴点 ・・・・・・・・・・・・・・・・・・・・・・・・・・・・・・・ 245

3. ソフトの画面構成 ・・・・・・・・・・・・・・・・・・・・・・・・・ 246

4. 作成帳票 ・・・・・・・・・・・・・・・・・・・・・・・・・・・・・・ 250

第1章

ますます厳しくなるアパマン経営

> なんか最近手取り収入が減ってきたような感じだなあ。それでいて税金は増える一方だし、どうなってんじゃい。

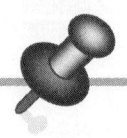

この章では「ますます厳しくなるアパマン経営」というタイトルで私の考えを述べたいと思います。

　私は今まで20数年にわたって、お客様の相続対策とか土地活用の一環として、アパート・マンション経営のご相談をお受けしてきました。また確定申告のお手伝いもさせていただきました。

　そうした経験をしているうちに、次第にアパマン経営の構造的な欠陥に気付くようになってきたのです。

　昔のように、家賃が少しずつでもアップしている時代は気付かなかったことが、デフレの進展と共にアパマン経営のマイナス面が一挙に露呈してきたという表現のほうがより正確でしょうか？

　決して脅すつもりはありませんが、今までのようにノンベンダラリとやっていける時代は残念ながら終わったような気がします。

　少しずつでも改善策を実行に移していかないと、徐々に真綿で首を締め付けられることだけは事実です。

　一刻も早く、この事実に気付き、様々な対策を練っていただきたいのです。

① なぜアパマンオーナーは生活がだんだん厳しくなるのか?

　読者の皆様は既にアパートとかマンションを経営されているのでしょうか? もし、経営されている場合、アパマン経営からの手取り収入は増えていますか、あるいは減っていますか?

　おそらく、かなりの方は収入が減っているのではないでしょうか? でも、これはある意味、仕方がないことなのです。アパマン経営というのは、その仕組み上、手取り収入が減っていく運命にあるからです。

　以下、その理由について考えてみましょう。

(1) 家賃収入が減っていくから

　家賃収入は 家賃 × 入居率 で計算されますから、家賃収入が上がるか下がるかは次の組み合わせによって変わってきます。

　なお、いずれか一方が一定という組み合わせも考えられますが、複雑になりますし、本質的な問題でもないのでここでは省略します。

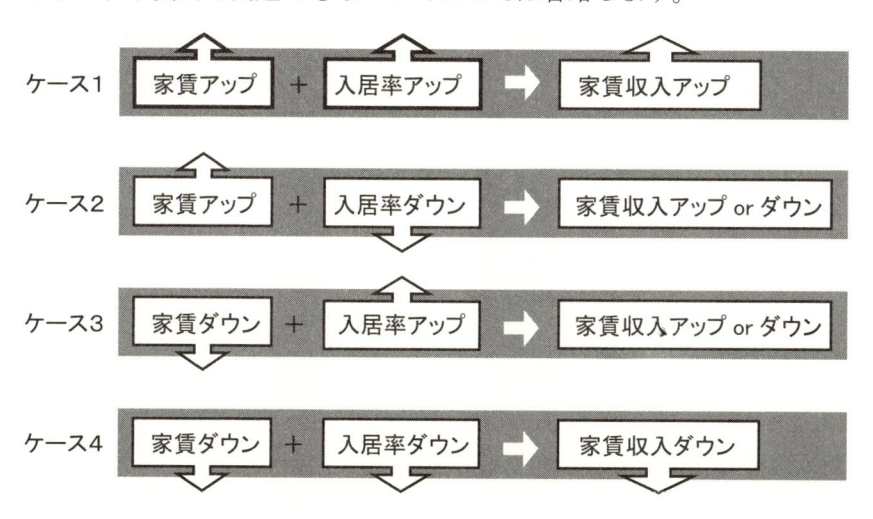

ケース1	家賃アップ ＋ 入居率アップ	➡	家賃収入アップ
ケース2	家賃アップ ＋ 入居率ダウン	➡	家賃収入アップ or ダウン
ケース3	家賃ダウン ＋ 入居率アップ	➡	家賃収入アップ or ダウン
ケース4	家賃ダウン ＋ 入居率ダウン	➡	家賃収入ダウン

このうちケース１の場合には確実に**家賃収入**が増えていきます。しかしながら現実問題として、このように家賃も入居率もアップするということはあるのでしょうか？

　建物というのは時が経つにつれて古くなっていきます。

　したがって一般的には**家賃**は下がっていくのですが、物価が上昇していた時代であるとか人口が増えているにもかかわらず新築物件がほとんど供給されない地域であれば逆にアップする場合もあります。

　次に**入居率**ですが、この場合も人口増に新規物件が追いつかない場合には通常はアップします。逆に人口が減っているとか人口の増加以上に新築物件が供給されている場合には入居率はダウンします。

　また、ご自分の所有している物件の競争力が下がっている場合も同様に入居率はダウンするのです。

　このように、その時の状況によっては家賃収入がアップするケースもありえますが、少子化傾向の今、人口が増えるということは特定の地域を除き、ほとんど考えられません。

　<u>したがって、一般的には新築・中古いずれを問わず、残念ながら自分の所有しているアパマンの家賃収入は減っていく運命にあると言えるのです。</u>

(2) 修繕費が増えていくから

　建物が古くなりますと競争力を維持するためにリフォームをする必要があります。このリフォームには様々なものがありますが、間取りを変更したりすると、かなりのコストがかかります。

> 例えば、3DKの間取りを2LDKにするとか、あるいは和室を洋室に変更するといった場合には1室当たり150万円程度はかかるんじゃないのだろうか？

> 当然ながら部屋の広さとか仕様によって金額は異なります

> したがって、もし10室のアパートであれば合計で1,500万円にもなります。バカにできません。

　また、建ててから12～13年しますと大規模修繕の時期を迎えます。この場合には外壁とか屋上の防水等を大々的に改修しますので金額的にもかなりの額になります。

　このように建物が古くなってきますと、修繕費がかなりかかるようになってきますので、手取り収入はそれにつれて減っていくことになるのです。

(3) 家賃収入が減っても所得税は増えるから

　上述しましたように家賃収入というのは原則として減っていくわけですが、収入が減れば税金も少なくなるのではないかと普通は考えます。

　一般的な商売の場合には確かに収入が減れば所得も減り、それにつれて税金も減ります。

　したがって最近のように不景気な時代は税金をそれほど払っていませんので節税ということにはほとんど関心を示さず、どちらかと言えば売上増とか経費の削減方法をアレコレ考える人が増えてきます。

> ところが不動産賃貸業の場合には事情がまったく違うのです。

家賃とか入居率が下がり、収入が減少しているにもかかわらず所得は逆に増えていき、その結果、税金がガンガン増加していくのです。

　このように不動産賃貸業の場合には家賃収入が減っても税金は逆に増えていくのですが、その大きな原因は借入金にあります。

　アパートとかマンションを建てる場合、ほとんどの方は借金すると思いますが、通常は返済期間を20年とか30年といった非常に長期に設定します。このようにしないと毎年の収支がマイナスになり生活できないからです。

> 長期返済にしないと収支がマイナスになるのは分かるが、それと税金の増加がどう結びつくのじゃ？

と疑問に思われる方が多いと思いますが、その理由は次の通りです。

> 借金しますと利息を支払うことになりますが、支払利息というのはその時点の借入金残高に所定の利率をかけて求めます。したがって元金の返済が進めば支払利息の額も少なくなっていきます。完済すれば当然ながらゼロです。

> 支払利息が減っていくのは分かるが返済期間が短期であろうが長期であろうが仕組みは同じではないのか？　一般の商売だって運転資金を借金している人は多いゾ。

ごもっともです。仕組みは同じなのですが、運転資金のように短期返済（3〜5年程度）の場合には支払利息が減っていく割合はそれほど顕著ではないのです。

第1章 アパマン経営は、本当にもうかるのか？

次のグラフをご覧下さい。上側のグラフは返済期間を30年にした場合であり、下側のグラフは5年にした場合です。

〈返済期間を30年とした場合の毎年の返済額(借入金1億円、3％、元利均等)**〉**

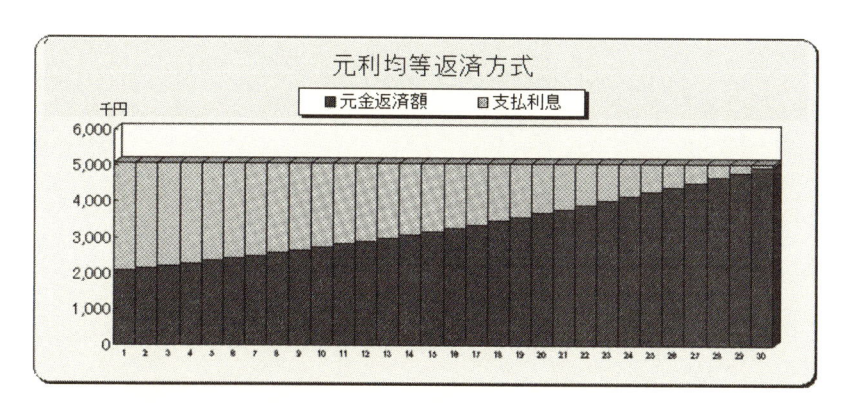

[グラフ：元利均等返済方式 ■元金返済額 □支払利息]

〈返済期間を5年とした場合の毎年の返済額(借入金1億円、3％、元利均等)**〉**

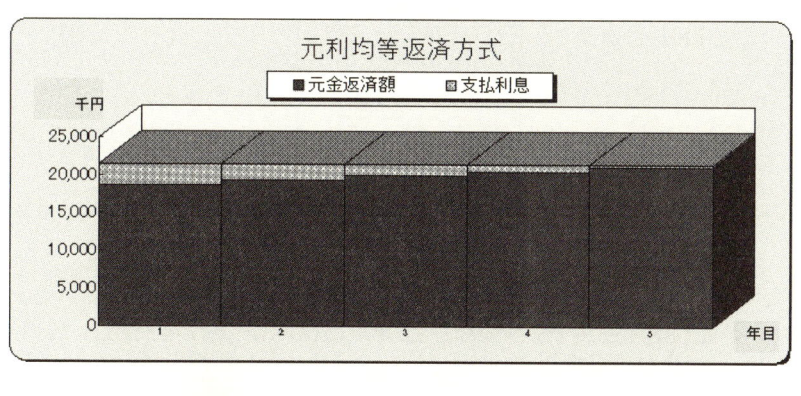

[グラフ：元利均等返済方式 ■元金返済額 □支払利息]

いかがですか？
両者の違いは分かりますか？

ご覧になってお分かりだと思いますが、**返済期間が30年の場合、金利は同じでも返済額に占める支払利息の割合が非常に高いのです。**

このグラフだけでは分かりませんが、1年目の支払利息の割合を計算しますと 58.7％になります。つまり返済額に占める支払利息の割合のほうが元金返済額よりもかなり大きいのです。

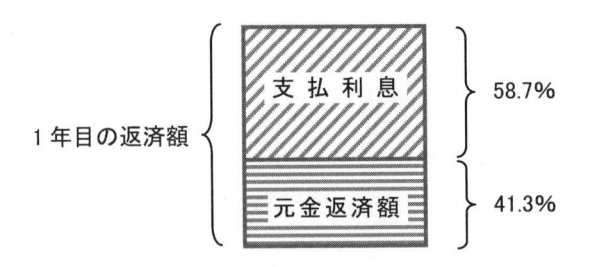

1年目の返済額 { 支払利息 } 58.7％
　　　　　　　 { 元金返済額 } 41.3％

　一方、**返済期間が5年の場合**はどうでしょうか？　同じく1年目の支払利息の割合を計算しますと、12.7％になります。このように支払利息の割合は非常に小さいのです。

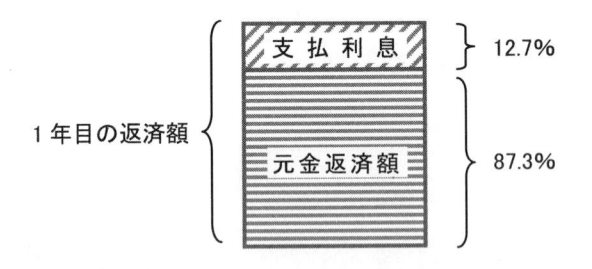

1年目の返済額 { 支払利息 } 12.7％
　　　　　　　 { 元金返済額 } 87.3％

　このことはどういうことを意味しているのでしょうか？

大して難しくないですね。

　つまり<u>アパマンのように長期返済の場合には建設（または購入）した当初は支払利息の割合が圧倒的に多いため、不動産所得の額はそれほど大きくなりません。</u>
　<u>ところが返済が進むにつれて支払利息の額はガンガン減っていくのです。</u>完済間際になると限りなくゼロに近づきます。

　30年目に至っては支払利息の割合は実に 1.6％です。つまり、返済額のほとんどを元金返済額が占めるので経費にならない支払ばかりということになります。

支払うけど、経費にならない…

一方の短期返済の場合も基本的仕組みは同じなのですが、長期返済のように極端な状態にはならないので、それほど心配する必要はないというわけです（短期返済の場合は期間５年程度の借入れを繰り返しているのです）。

　また、附属設備とか構築物（門とか駐車場等）については現在でも定率法を採用できますが、**定率法の場合には減価償却費が逓減**（少しずつ減少するということ）していくことになります。

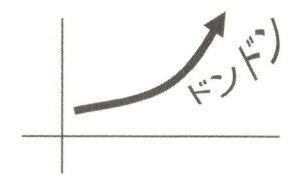

　このように、たとえ家賃収入が減少しても、それ以上にこれらの経費（支払利息とか減価償却費）が減れば、その差額である不動産所得は増えていくのです。

　そして不動産所得が増えれば所得税は超過累進課税ですから、それ以上の割合で増えていきます。所得税が増えれば当然ながら税金を支払った後の手取り収入は減っていくというわけです。

　このように**家賃収入が減っても所得税が増えていくので、結果として手取り収入は家賃収入の減少以上に減っていく**というのが一応の結論ですが、中にはそんなに減っていないという方もいらっしゃると思います。

　そこで次に、それほど所得税が増えないケースがあり得るという理由についてご説明いたします。

　所得税というのは各種の所得を合算した額から一定の所得控除の額を差し引いた額である課税所得に対して課税されます。
　そして上述しましたように所得税は超過累進課税ですから、所得が増えれば増えるほど、より多くの税額になります。

例えば、所得が100の場合の税額を20としたとき、所得が200の場合の税額は40ではなく50とか60になるのです。

それでは所得の増加額が同じ場合、もともと所得の少ない人と多い人とでは増加する税額に違いが生ずるのでしょうか？これについて以下、具体例でご説明します。

いずれも所得が現在よりも200万円増えた場合です。なお、税額には所得税だけでなく住民税も含んでいます。

〈所得が200万円増えた場合の税額の比較〉

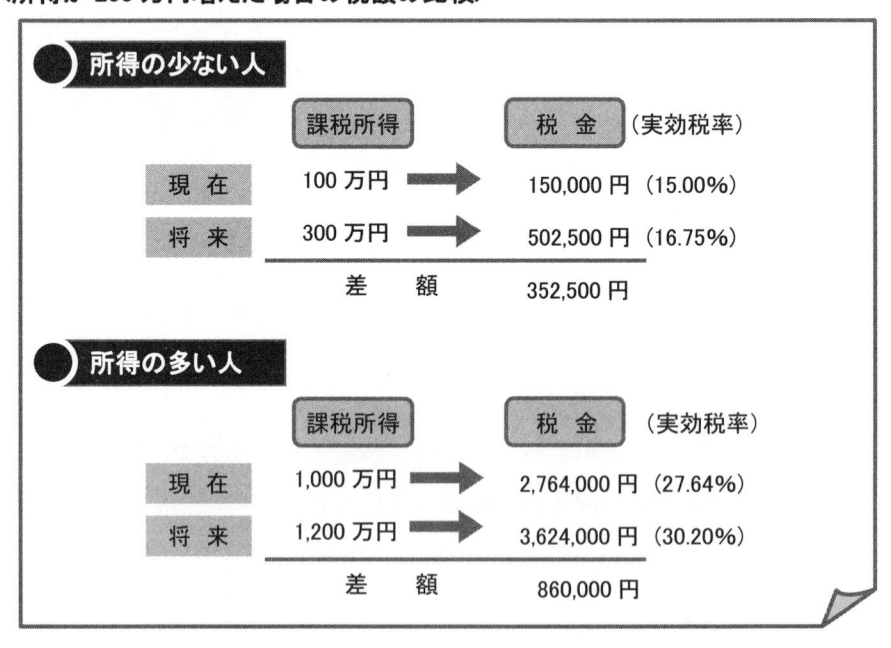

● 所得の少ない人

	課税所得	税金	(実効税率)
現在	100万円 →	150,000円	(15.00%)
将来	300万円 →	502,500円	(16.75%)
差額		352,500円	

● 所得の多い人

	課税所得	税金	(実効税率)
現在	1,000万円 →	2,764,000円	(27.64%)
将来	1,200万円 →	3,624,000円	(30.20%)
差額		860,000円	

以下、若干解説しておきます。まず**所得の少ない人**の場合ですが、200万円所得が増えると税金は352,500円に増加しています。

一方、**所得の多い人**の場合には同じ200万円の所得増に対して税金は860,000円増加します。

このように**同じ額の所得が増えた場合でも、もともと所得の多い人と少ない人とでは増加する税金の額にかなりの開きが生ずることになる**というわけです。

これはどういうことを意味しているのでしょうか？　結論を言いますと、支払利息等の経費が減った結果、不動産所得が増えた場合でも手取り収入に与える影響は人によって違ってくるということです。

当然ながら高額所得者に与える影響のほうが大きいということになります。

逆に言いますと、**小さいアパートを1棟しか所有していないような場合には、そもそも所得税等をほとんど払っていないため、少しばかり所得が増えたとしても税金はそれほど増えない**ということでもあります。

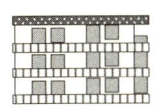

なんか安心しましたか？　　　　嬉しいような、悲しいような感じですか？

ただし、**不動産所得が少なくても給与所得等が多い場合には高額所得者になりますから影響は大です**。ご注意下さい。

このように、アパマン経営においては以上で説明した3つの理由により、所得によって若干の違いはあるにせよ、時の経過と共に手取り収入は徐々に減っていく仕組みになっているということはシッカリと肝に銘じておく必要があります。

11

② 転落人生を辿った、あるマンションオーナーのお話

　それではここで、あるアパマンオーナーの転落人生について1つの**実例**をご紹介しておきます。当社のお客様ではありません。ある地方都市のマンションオーナーのお話です。

> 実はこのオーナーが所有している物件が売りに出されていたので現地調査に行った時、建築当初から管理をしている管理会社の責任者（会長）にアレコレ尋ねてみたのです。

　その会長の話では、当該物件のオーナーはもともと日本旅館を経営されていたようですが、年齢と共に仕事がきつくなり、また業績も芳しくなくなってきたことからマンション経営を始めたとのことです。

　アパマン経営というのは特別な経営手腕を必要としませんので、比較的軽い気持ちで始められたものと推察します。また当時はバブルでしたから相続対策も兼ねていたのでしょう。

> ところで、この物件を最初に見た時はビックリしました。事前に写真等も入手し、ある程度のことは分かってはいたのですが、写真とゲンブツは大違い。まるで見合い写真とゲンブツとの差ほどでした（？）。

　築22年ですから、それほどでもないと思っていたのですが、腰を抜かすほどの劣化状態なのです。

　階段等の鉄部部分はひどく錆びていますし、外廊下の壁とか床、玄関のドアなどは年季の入った公団住宅のようです。

　また、ベランダ側の窓は全て緑色の網が被せられているのですが、まるで監獄です。網を被せている理由を尋ねると、鳩がベランダに入ってきて糞をするからとのこと。

この物件は住宅だけで40室あるのですが（3～10階が住宅、1、2階が貸店舗）、全部の窓に網が被せられていますのでかなり壮観です。

事前に写真を見た時は光線の関係から若干緑がかっているのかと思っていたのですが、正直参りました。

人間というのはついつい自分に都合の良いように解釈しがちなのじゃ。

これでは普通どなたも入居しないと思うのですが、40％程も埋まっているのですから、逆にビックリです。

また部屋の中の電気設備とか水回り等は22年前のモノとほとんど変わっておりません。つまり建てた時のままなのでどうしても古臭い感じを受けます。また3DKの部屋は全部が和室で洋室はゼロ。

本来であれば高額な物件を売ろうとしているわけですからキレイにしておくべきなのですが、日本人というのはこういうところがダメですね。ヤケクソになるのです。

「どうにでもしやがれ！」　と。

それはそうと、この物件を案内してくれている管理会社の人に、なぜこんなになるまでリフォームしなかったのか聞いたところ、オーナーが全然お金を出してくれないと言うのです。

リフォームをまったくしない状態で22年経ったら、さすがに建物はみすぼらしくなります。まして、ほとんどの壁が吹き付けでタイルをあまり貼っていないので余計安っぽく感じてしまいます。

構造はSRC（鉄骨鉄筋コンクリート）造ですから建物自体は60年も70年も持つのでしょうが、リフォームをしなければ30年も持たないという典型事例です。

ところで、このままでは当然ながら入居率を上げることができませんので、リフォーム代がいくら位になるのか見積もりをお願いしたところ、驚くなかれトータルで　1億円　を超えました。

13

この見積もりには大胆にリノベーションするとか和室を洋室にするといったことはまったく考えておりません。単に設備を全部取り替えるとか、外壁の塗装、あるいはエントランスを若干見栄え良くするといった程度です。

> 当初は3億円程度だったものが2億チョットにまで値引きされていました。

それでもこれだけかかるのです。いくら物件価格が安くても、リフォーム代が1億円もかかったのでは旨みがなくなります。

また、今回、大規模修繕すればそれで終わりというわけではありません。14, 15年すればまた同じような額（1億円前後）のお金が必要になるのです。

以上が調査時点での大まかな状況ですが、もちろん最初からこのような状態だったわけではありません。建設当初はほとんど満室だったのです。

1、2階の貸店舗は面積も広く場所も良いので数年前までは旅行代理店とか電話会社等がテナントとして入居していたのです。ところが現在は両方ともガランドー。

また住宅部分は転勤族をターゲットとしており、競合する物件もあまり多くなかったことから入居率はかなり良かったようです。

ところが、20年チョットでこの有様。

> どうしてこのようなことになってしまったのでしょうか？

私はやはり77ページでご紹介している「**贅沢病**」と、「**時間の経過と共に手取り収入が減っていくアパマン経営に特有な仕組み**」の両方が影響したのだと思います。

つまり人間というのはいったん贅沢をするとなかなか元に戻れないのですが、手取り収入が逆に減っていくことになろうとはユメユメ思わず、贅沢を続けてしまったというのが根本原因ではなかったかと思います。

> いかがですか？
> 私はこんなバカなことにはならないと自信を持って言えますか？

アパマン経営というのは他の商売と比較すると一般的に成功の確率は高いのですが、そのためには**アパマン経営に特有のデメリットについてシッカリと理解しておくこと**が前提となります。

なお、ご参考のために<u>地方で土地活用をする場合の注意点</u>について私が感じたことを簡単にまとめておきます。最悪の事態を迎えないための処方箋だと思い、シッカリと頭に焼き付けておいて下さい。

＜地方で土地活用をする場合の正しい考え方＞

①地方物件の場合には家賃が安いわりにリフォーム代は都会とそれほど変わらない。したがって、SRCのような構造の建物ではなく、比較的短期で投資額を回収できるプランにしたほうが良いのではないか。もし、RC（鉄筋コンクリート）とかSRCにするのであれば<u>外壁等のリフォーム代がそれほどかからないような工夫</u>が求められる。

②手取り収入を全て使ってしまうのではなく、**リフォームのための資金として毎月一定額を積み立てておくべき**である。リフォーム代を将来の家賃収入から賄うべきではない。つまりリフォームは自己資金で行なうべきだということ。

③<u>小規模なリフォームはその都度マメに実施すべきである</u>。そうすれば当然ながら空室率の上昇は抑えられるし、結果としてリフォーム代も少なくて済む。

④地方経済は残念ながら、かなり疲弊している。将来とも回復があまり見込まれないとすれば<u>業務系の物件はお奨めできない</u>。貸事務所等は景気の影響をモロに受けるからである。前述した物件もすべてが居住用であれば購入していた可能性が高い。

　※地方経済を復活させるための特効薬は道州制の導入にあると考えています。霞が関のお役人ではなく、住民自らが自分達の街づくりについて主体的に考え、かつ実行することが何より大切なのです。

⑤借入金の返済方法として<u>元金均等返済方式</u>を採用する。理由については16ページ以降で詳細に解説しているので参照いただきたい。

田舎は疲れている…

③ 手取り収入を一定に保つ最も簡単な方法・・・元金均等返済

　以上、ご説明しましたようにアパマン経営というのは普通にしていれば手取り収入は少しずつ減っていきます。

　　　でも、これってイヤですね。収入が減っていくなんて！

　それでは手取り収入を減らさない、あるいは一定に保つ方法というのはあるのでしょうか？

　実はあるのです。
　その方法は「元金均等返済方式を採用する」というものです。

　ご承知のように借入金の返済方法には元利均等返済方式と元金均等返済方式の２種類があります。

　このうち元利均等返済方式というのは元金返済額と支払利息の合計額を毎回等しくする返済方法です。一方、元金均等返済方式というのは毎回の元金返済額を等しくする方法です。次のグラフをご覧下さい。

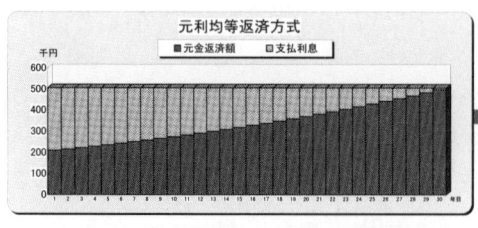

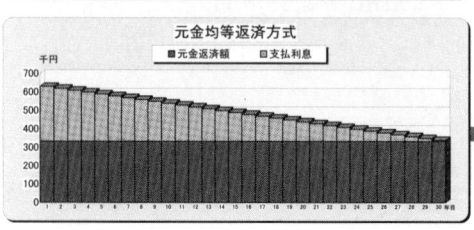

「元利均等返済方式」
元金返済額と支払利息の合計額を毎回等しくする返済方法。つまり「元利合計均等」返済方式ということです。

「元金均等返済方式」
毎回の元金返済額を等しくする方法。

まず元利均等返済方式のグラフですが、

　毎年の返済額は 30 年間、まったく変わりません。ただし、その内訳は違ってきます。

　上側の支払利息は最初多くて徐々に減っていますが、元金返済額は逆に最初少なくて徐々に増えています。

一方の元金均等返済方式はどうでしょうか？

　元金返済額は当然ながら毎年同額です。そして、支払利息は、その時点の借入金残高に利率をかけて求めますので、元利均等と同じく、最初多くて徐々に減っていきます。その結果、**両方を合わせた返済額合計は最初多くて徐々に少なくなります**。

　このように両方式にはかなりの違いがあるのですが、それぞれの方式を採用した場合、手取り収入にはどのような差異が生じるのでしょうか？

　以下、具体例を挙げて検証してみることとします。次ページのグラフをご覧下さい。いずれも建築費１億円でアパートを建てた場合の手取り収入の推移をグラフ表示したものです。

　　　グラフ1が 元利均等返済方式 を採用した場合で、
　　　グラフ2が 元金均等返済方式 を採用した場合です。

いずれも借入金の返済方式以外はまったく同じ条件で計算しております。

〈計算の前提条件〉

　建築費　‥‥　1億円（25年返済、金利3%）
　家賃収入　‥‥　1,200万円（利回り12%）、毎年0.5%下落
　諸経費　‥‥　180万円（毎年1%up）＋ 家賃収入 × 5%
　他の所得　‥‥　200万円

<グラフ1 ··· **元利**均等返済方式を採用した場合の手取り収入の推移>

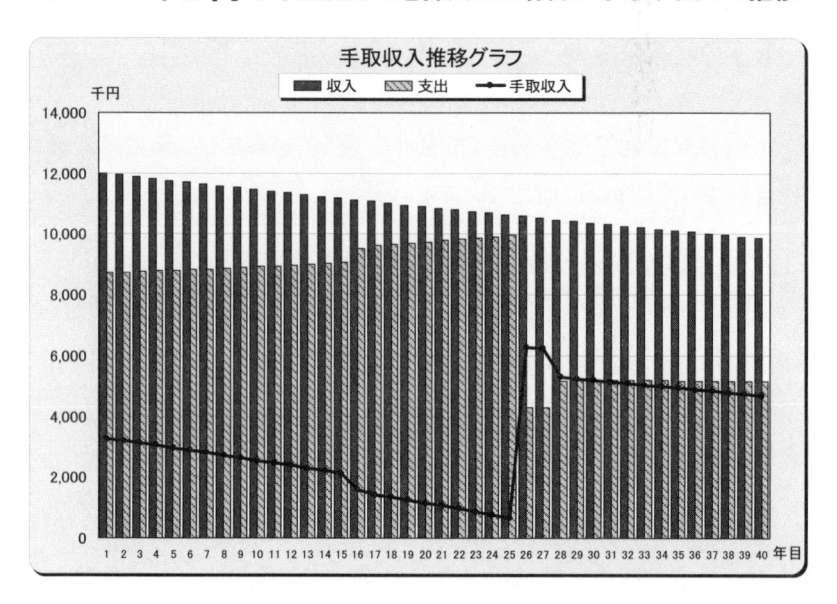

<グラフ2 ··· **元金**均等返済方式を採用した場合の手取り収入の推移>

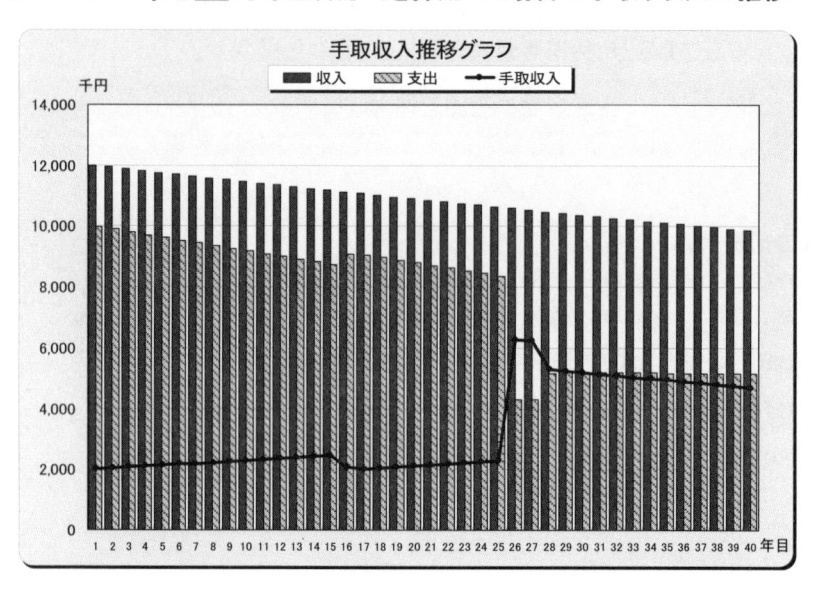

グラフ１からご説明いたします。

黒い折れ線グラフが手取り収入を表していますが、借入金の返済が終了する25年後まで毎年少しずつ減少しています。

この理由は何度もご説明しているとおり、次の３点セットで説明できます。

家賃は減るのに、修繕費や税金がドンドン増える…

> ① 建物が古くなるにつれて家賃収入が減少していく
> ② 修繕費等の経費が増えていく
> ③ 不動産所得にかかる所得税等が増えていく

それでは次にグラフ２をご覧下さい。

今度は手取り収入が減っておりません。毎年 0.5％ずつ家賃収入を減らしておりますが、借入金の返済が終了する 25 年後までほぼ一定で推移しています。

どうして、このようなことになるのでしょうか？　元金均等返済方式を採用したからといって上記で説明しました手取り収入の減少要因が無くなるわけではありません。

その理由は既にお分かりですね。**元金均等返済方式の場合は返済額が徐々に減少していくが、それが結果として３点セットによる手取り収入の減少分を打ち消す働きをすることになるから**なのです。

このように元利均等返済方式と元金均等返済方式では手取り収入の推移に違いがあるのですが、トータルとしてはいずれが有利なのでしょうか？

例えば、建ててから 40 年後に解体した場合、トータルとして手取り収入はいずれが多くなるのかということです。

どっちが多い？
元利均等　　元金均等

これについては少し考えれば分かりますが、元金均等返済方式のほうが多くなります。その理由は元金均等返済方式のほうが借入金の返済が早いので、それだけ支払利息の額が少なくなるからです。

ところで、以上で計算した事例は家賃収入が年間で1,200万円程度ですから、それほど大きな差にはなっていませんが、収入が多くなりますと高い税率が適用されるため、元利均等返済の場合には手取り収入がもっと極端に減っていきます。

　つまり、**規模が大きくなるほど、より慎重に資金計画を立てる必要がある**というわけです。

　なお、**建設会社とか不動産会社が提案する計画ではほとんどの場合、元利均等返済方式を前提にしているハズ**です。

　その理由は計画の初期段階では圧倒的に元利均等返済のほうが元金均等返済よりも手取り収入が多くなるからです。

　どなたでも、できるだけ見栄えの良い提案をしたいものですから…。

　しかしながらアパマン経営をするのは皆様方です。

　手取り収入を積み立てておく自信がない場合には元金均等返済方式を選択されたほうが良いと思います。

第2章

アパマンの投資判断は、こうする！

> 先日のセミナーで、不動産投資コンサルタントの先生が利回り10％以上あればバッチリだと言っていたが、本当に大丈夫だろうか？

この章ではアパマン経営の投資判断について私の考えを述べたいと思います。

　要するに、アパマン投資をする場合、投資額に対して家賃収入が何パーセントぐらいあれば特に問題ないと判断できるのかということです。

　こういった投資判断をする場合、今までは表面利回りとか実質利回りという指標が用いられてきたのですが、本当にそれで問題がないと確信を持って言えるのでしょうか？

　以前のように経済が成長し、家賃もアップしていた時代であれば、こういった単純な計算でも特に問題ありませんでした。

　ところが、これからは少子高齢化の時代に突入します。したがって特別な地域を除き、需要と供給との関係から家賃が下落していく可能性が高いのです。

　にもかかわらず、相変わらず現状での利回りだけで判断しているケースが多いのです。これでは余りにも能天気すぎはしないでしょうか？

　不動産投資というのは夕食のおかずを買うのとはワケが違います。失敗すれば家計が破綻してしまうのです。

　いったん投資を実行すれば基本的に後戻りできないという事実を冷静になって考えていただきたいと思います。

1 Jリートの場合、なぜ表面利回りが5％の物件でも利益が出るのか？

　皆様方はJリート（日本版不動産投資信託）が5％程度の物件を平気でガンガン購入しているのをご存じですか？　おそらくご存じだと思いますが、それでは、なぜ、そんなに低い利回りの物件でも利益が出るのか考えたことはありますか？

　　　　インカムゲインではトントンだが、キャピタルゲインで儲けているんじゃないの？

このように考えても何ら不思議ではありません。

　不動産投資の本とかセミナーでは最低10％は必要であると力説しているわけですから、5％の利回りではどう考えてもやっていけるとは思えないというのがノーマルな考えです。

　ところがリートの場合には表面利回りが5％でも十分やっていけるのです。信じられない　　　と思われるでしょうが、これは事実です。

　以下、その理由についてご説明したいと思います。まず次の損益計算書をご覧下さい。

収入合計（家賃収入等）		100億円(100%)
必要経費		
資産運用報酬	8億円	
外注委託費	5億円	
水道光熱費	5億円	
租税公課	7億円	
減価償却費	18億円	
その他	6億円	49億円(49%)
営業利益		51億円(51%)
支払利息		9億円(9%)
経常利益		42億円(42%)

これはあるJリートの実際の損益計算書(半期決算書)を分かりやすくアレンジしたものです。収入合計が100億円となっていますが、実際は80億円程度(半期分)です。

このように収入合計を100億円としたのは、収入に対する各種経費の割合(%)が同時に計算できるからです。例えば、減価償却費が18億円となっていますが、収入に対する割合は18%になります。

ところで、この損益計算書をご覧になってどう思われましたか？

支払利息が何となく少ないと感じられたのではないでしょうか？その通り、通常の場合と比較すると、かなり少ないのです。

それでは通常はいくらほどになるのでしょうか？

具体例でご説明したほうが分かりやすいと思いますので、ここでは表面利回りが10%の物件を全額借金して購入した場合で計算してみましょう。

> 表面利回りが10%の物件を購入して家賃収入を年間100億円得るためには、次のように全部で1,000億円の物件を購入する必要があります。
>
> ☆ 家賃収入を年間100億円獲得するために必要な物件の購入価格(投資額)
>   ＝ 家賃収入100億円 ÷ 10% ＝ 1,000億円
>
> これを全額借金して購入するわけですから、金利を3%としますと、年間の支払利息は次のように30億円になります。
>
> ☆ 年間の支払利息 ＝ 1,000億円 × 3%(利率) ＝ 30億円

うわぁ〜すごい

このように我々が通常のやり方で購入した場合には支払利息が年間で30億円もかかるのです。リートのように表面利回りが5%の物件を購入した場合には実に60億円にもなります(必要投資額が倍の2,000億円となるため)。

第2章 アパマンの投資判断は、こうする！

それではなぜ、リートの場合にはこのように支払利息が極端に少ないのでしょうか？

結論を先に言えば、

> リートの場合には投資額に占める
> 借入金の割合が50％ぐらいしかない

ということと、

> 金利が非常に低い

という2つの理由からです。

まず借入金の割合ですが、

リートの場合には約半分の資金を投資家から出資してもらい、残りを銀行から借金します（ただし、この割合はリートによって異なります）。

一方、我々が行なう通常の不動産投資の場合にはほとんどの資金を銀行から借金しますので、当然ながら支払利息の額は多くなります（最近は自己資金をかなり要求されるようになりましたが、それでもリートほどではありません）。

次に金利ですが、

リートの場合には借入金の金利が非常に低いのです。もちろんリートによって金利は異なりますが、私が調べた限りでは1.2〜1.5％程度が多いようです。

また借入金ではなく社債（投資法人債）を発行するケースがあるのですが、その場合の金利は0.8％程度と更に低いのです。

このように**リートの場合には投資額に占める借金の割合が小さいことと、利率が非常に低いことから支払利息が一般の投資と比較して異常に少ない**というわけです。利息が少ないと、当然ながら利益の額はそれだけ多くなります。

利息が少ない → 利益が多い

以上は損益計算の観点からリートの場合には利回りが低くても十分ペイできるということの説明ですが、キャッシュフローを良くするもう１つの理由がリートにはあるのです。

　それは**借入金の返済が期日一括返済なので実質的に元金を返済する必要がない**ということなのです。

　どういうことかと言うと、例えば５年返済の場合（リートの場合には３～５年返済が多い）、５年間は利息だけを支払い、５年後に元金を一括返済すればいいのです。

　要するに**元金据置型**なのです。このように書くと
５年後の返済原資はどうするのか気になる　と思いますが、その時点で新たに借り換えればいいのです。

　いかがですか？　金利が低くて元金の返済も実質的に不要だということになれば、５％程度の物件でも十分やっていけそうですね。

　ここで皆様方に気付いてほしいことがあります。

　それは**リートというものが不動産価格を高く維持している原因の１つになっている**という事実についてです。

　利回りが低いということは、逆に言えばその物件が高いということです。５％の物件でも十分ペイするとして購入する人がいれば、その物件はそれ以上、下がりません。

　もちろん不動産の価格は様々な理由により上下します。

　例えば、銀座の一等地に自社ビルを建てて商売する会社もあるでしょうし、キャピタルゲイン狙いで勝負を賭ける会社もあります。

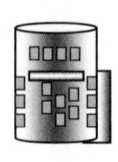

　したがって利回りだけで判断することは間違っているのですが、もしリートのようなものがなければ、もう少し不動産の価格が下がる可能性が高いのです。

その理由は、利回りの低い物件を購入しても長期間維持することができないのでインカムゲイン狙いで購入する人が現れないからです。

＞ 全額を自己資金で購入する人はいるでしょうが、レアケースです。

　もちろんリートの場合には辺鄙(へんぴ)なところの物件とかボロボロの物件には手を出しません。したがって基本的には都心の一等地に限定されるのですが、**リートというものは我々とは価値判断の基準が違うということはシッカリと認識しておく必要があります。**

　このようなことをまったく知らないで、上場しているリートが購入しているのだから我々が購入しても特に問題はないと考える人がいるとしたら、その方は残念ながら奈落の底に真っ逆さまということになります。十分お気を付けて下さい。

　それでは、ここで皆様方に質問します。

＞ Jリートはいろいろな面で恵まれているのに、なぜ破綻するリートが出て来るのですか？

　だいたいの理由はお分かりでしょうが、私なりにまとめると次のようになります。

〈Jリートが破綻した理由〉

①サブプライムローンの破綻を契機として海外の投資ファンドが一斉に引き上げ、資金繰りが急激に悪化した。

②物件を売却して資金を手当てしようとしたが、不動産価格が急落したため思うように資金化できなかった。

③借入金を借り換えて期日に一括返済する予定だったが銀行が応じてくれなかった。

④法人税を非課税とするため、ほとんどの利益を配当に回した結果、内部留保ができていなかった(※)。

　※Jリートの場合、「利益の90％以上を分配する」ことにより法人税が非課税になります。

② レバレッジ効果のワナ

レバレッジ効果 とは**テコの原理**のことですが、要するにテコを利用すれば少しの力で重い物を持ち上げることができるという原理のことです。既にご存じだとは思いますが、おさらいの意味で少しお付き合い下さい。

このレバレッジ効果は様々な分野で使われていますが、ここではアパマン経営の場合でご説明いたします。

例えば、いま1,000万円の自己資金があるものとします。

そして、この資金で利回りが10%のマンションを購入しますと、年間の収入は100万円になります。そして諸経費が20万円かかるとすると**手取り収入は80万円**になります。

一方、この自己資金1,000万円に借入金4,000万円を足して1,000万円のマンションを**5室購入した場合**はどうなるでしょうか？

利回りが同じだとすると年間の収入は5,000万円×10%で500万円となります。そして、今度は借金しているわけですから、その返済をしていかなければなりません。

仮に、この額を年間250万円とし、諸経費を100万円としますと、**手取り収入は150万円**(500万円－250万円－100万円)となるわけです。

つまり、自己資金だけで購入した場合よりも手取り収入が70万円(150万円－80万円)多く獲得できるわけです。この仕組みのことをレバレッジ効果(テコの原理)と言っています。

このようにレバレッジ効果というのはテコの原理を利用して、より大きな収入を得ようとする方法のことですが、

投資額を増やせば増やすほど本当に手取り収入は増えるのでしょうか？

もし、その考えが正しいのであれば、そして銀行がジャブジャブ融資してくれるのであれば投資額を増やせば増やすほど儲かるということになります。

果たしてそんなことがありうるのでしょうか？　以下、この点について検証してみたいと思います。

先程の例では表面利回りを10％で計算しましたが、ここでは12％、10％、8％、6％の4つのケースで計算してみます。

そして、それぞれのケースについて物件価格を1,000万円、5,000万円、1億円の3つに分けて比較することにします。計算に当たっての他の前提条件は次の通りです。

〈計算に当たっての前提条件〉

- 自己資金 …… 1,000万円
- 借入金 …… 20年、4％、元利均等返済方式
- 入居率 …… 90％
- 賃料水準 …… 毎年0.5％下落
- 諸経費 …… 家賃収入×20％、毎年0.5％上昇
- 税金 …… 所得税等は考慮しない

計算結果は次ページの　図表2−1　の通りです。以下、それぞれのケースについてみていきましょう。

図表2-1　投資利回り別・規模別手取り収入比較表

			物件価格		
			1,000万円	5,000万円	1億円
12%	手取収入／月額 (当初5年間の平均)		7.1万円	11.2万円	16.4万円
	累計額	10年間 20年間 30年間	835万円 1,607万円 2,318万円	1,268万円 2,221万円 5,777万円	1,809万円 2,988万円 1億100万円
10%	手取収入／月額 (当初5年間の平均)		5.9万円	5.3万円	4.6万円
	累計額	10年間 20年間 30年間	696万円 1,339万円 1,932万円	572万円 882万円 3,845万円	417万円 309万円 6,236万円
8%	手取収入／月額 (当初5年間の平均)		4.7万円	−0.6万円	−7.2万円
	累計額	10年間 20年間 30年間	557万円 1,072万円 1,546万円	−124万円 −458万円 1,913万円	−975万円 −2,370万円 2,372万円
6%	手取収入／月額 (当初5年間の平均)		3.5万円	−6.5万円	−19.1万円
	累計額	10年間 20年間 30年間	418万円 804万円 1,159万円	−820万円 −1,797万円 −19万円	−2,367万円 −5,048万円 −1,492万円

利回り12％のケース

物件価格1,000万円のケースでは当初5年間の手取り収入の月額平均は7.1万円です。そして5,000万円のケースでは11.2万円、1億円のケースでは16.4万円となっています。

これは明らかに投資規模を大きくしたほうが有利になるということを表しています。つまり、**表面利回りが12％の場合はテコの原理がプラスに働く**ということです。

利回り10％のケース

次に表面利回りが10％のケースではどうでしょうか？　物件価格1,000万円のケースでは当初5年間の手取り収入の月額平均は5.9万円です。

ところが5,000万円のケースでは5.3万円、1億円のケースでは4.6万円となっています。投資規模を大きくすればするほど手取り収入は逆に減っているのです。

それでは手取り収入累計額で比較するとどうなるでしょうか？ 10年間累計でも20年間累計でも1,000万円の物件が一番多くなっています。つまり一番規模の小さい物件を全額自己資金で購入したほうが有利だということです。

ところが30年間で比較すると状況は一変します。1,000万円の場合が1,932万円、5,000万円の場合が3,845万円、それから1億円の場合は実に6,236万円となっています。

これはどういうことを意味しているのでしょうか？ 20年以内の場合は1,000万円のケースが一番多かったにもかかわらず、30年で計算すると完全に逆転するのです。

それではここでお尋ねします。
計算期間が20年と30年ではどこがどう違うのでしょうか？

既にお分かりだと思いますが、30年間の手取り収入累計額には借入金の返済が終了した21年目から30年目の10年間の手取り収入が含まれています。

逆に言えば、当初20年間の手取り収入累計額には借入金の返済が終了した21年目から30年目の10年間の手取り収入は含まれていないということです。

アパマン経営の良さは借金の返済後にあります。その時のためにシコシコと苦労しながら借金を返済していくのです。にもかかわらず借金の返済期間中だけの手取り収入を取り出して比較したのでは収支が悪くなるのも当然なのです。

アパマン経営の醍醐味は借金の返済後！

それでは何年で計算すべきなのでしょうか？　これは既にお分かりですね。アパマンを手放すまでの期間で計算すべきです。取壊すまで所有する場合には取壊すまでということになります。

ここでは便宜上、30年間で計算しておりますが、当然ながら購入した時点の築年数とか、その後のリフォームの状況などによって実際の計算期間は異なります。

このように**表面利回りが10％のケースでも、この計算ではテコの原理を利用したほうが有利になりそう**です。

利回り8％のケース

それでは次に表面利回りが8％のケースではどうでしょうか？　物件価格1,000万円のケースでは当初5年間の手取り収入の月額平均は4.7万円です。

マイナスばかり…

ところが5,000万円のケースではマイナス0.6万円、1億円のケースでは何とマイナス7.2万円です。

手取り収入累計額で見ても5,000万円、1億円とも当初20年間ではマイナスです。30年間でやっと規模の有利性が表れておりますが、驚くほどの差額ではありません。

利回り6％のケース

それでは最後の6％のケースをご覧下さい。5,000万円、1億円とも全てのケースでマイナスです。1,000万円も自己資金を投入したにもかかわらず手取り収入累計額はマイナスになるのです。

こりゃ、参りましたな。

いかがですか？　思ったより厳しい状況だなあ、と感じられたのではないでしょうか？

それにもかかわらず不動産投資の本では、しきりにテコの原理を金科玉条のごとく褒めたたえているものが非常に多いのです。

<u>原理・原則というものは常に正しいとは限らないのです。一定の条件に当てはまる場合には正しくて、それ以外の場合には正しくないということは肝に銘じておく必要があります。</u>

なお、以上のシミュレーションはテコの原理というものがプラスにもマイナスにも働くということを証明するためだけに行なったものです。

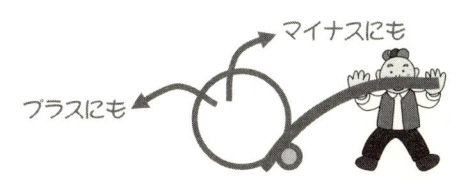

したがって、それほど厳密に計算したわけではありません。当社の場合、専用のシミュレーションソフトを作成しているため上記のような計算はものの数分でできます。

実際に購入するかどうかを検討する場合には、もっと時間をかけてジックリ行なう必要があるということだけは口酸っぱく言っておきます。

因みにソフトバンクの会長である孫正義氏は、重要な案件を検討する場合には専用のソフトを作って1,000通り以上のシミュレーションをするそうです。

さすがですね。
優秀な人はデキが違います。

③ 大切なのは新築時（購入時）から取壊し時（売却時）までのトータル・キャッシュフロー分析

　前述したとおりJリートの場合には表面利回りが5％程度でもかなりの利益が出るのですが、一般の不動産投資では、とてもこれではやっていけません。

　それでは何パーセント程度あれば良いのでしょうか？

- 表面利回りが10％ならどうにかやっていける
- 実質利回りで10％は必要だ
- 中古の物件であれば15％程度は欲しいところです

といったように言う人によって千差万別です。

　ご承知のように利回りというのは家賃収入を物件価格で割った値ですが、一般的に利回りが高い物件というのは何らかのマイナス要因があります。

$$利回り = \frac{家賃収入}{物件価格}$$

　例えば、

- ・駅から遠い
- ・人気のないエリアにある
- ・ボロい
- ・日当たりが悪い
- ・地方物件である
- ・古い
- ・汚い
- ・センスがない
- ・電車の騒音でうるさい

等々、数え上げたらキリがありません。

　一方の利回りが低い物件というのは、

- ・駅から近い
- ・人気のあるエリアにある
- ・オシャレである
- ・都心の一等地にある
- ・新しい
- ・キレイ
- ・センスがある

等々、良いことずくめです。

第2章 アパマンの投資判断は、こうする！

　それではどうしてこのように物件によって利回りに差が生ずるのでしょうか？

　築年数が違う場合には残存期間が違いますので利回りに差が生ずるというのは分かります。ところが、これ以外の理由で差が生ずるというのがイマイチ分かりません。

　例えば、人気のあるエリアであれば当然ながら家賃は高いので、それに連れて物件価格も高くなっています。逆に人気がないエリアであれば家賃も物件価格も安いのです。

　利回りというのは家賃収入を物件価格で割った値ですから、

> 人気のあるエリアであろうと、ないエリアであろうと、利回りはほとんど変わらないというのが本来正しい結論なのではないでしょうか？

　ところが実際はかなり違っています。そこで以下、その理由について具体例を挙げて検討してみることにします。

まず地方物件と都心物件の比較です。

　例えば、次のような2つの物件があったとします。

地方物件
・価格が 5,000 万円
・家賃収入が年間 500 万円(利回り 10%)

都心物件
・価格が 1 億円
・家賃収入が年間 1,000 万円(利回り 10%)

※建物の規模とか仕様、築年数はまったく同じ。

　こういった物件は現実問題としてはありえないのですが、もしあったとすれば、いずれの物件を選びますか？

> 何をバカなことを言っている。
> 都心の物件が良いに決まっているではないか。

> なぜですか？

> 地方物件の場合には少子高齢化により早晩、空室が増え当初計画していた収入を確保できなくなる可能性が高いからだよ。

35

だいたい、こんなところではないでしょうか。

　　　　東京のような都心の物件の場合には、
人口増が続いているし、世帯数も当分は増えていく可能性が高いので将来とも家賃収入はそれほど下がらない。

　　　　ところが地方物件の場合には、
少子高齢化という波をモロに受け、収入が減っていく可能性が高いので、同じ利回りならば都心物件を選ぶというわけです。

なお、現実には将来の物件価格がどうなるかについても検討する必要がありますが、単純化しないと本質が分からないので、ここでは収支だけにスポットを当てております(以下、同じ)。

それでは、より現実に近づけるために利回りを変えてみましょう。次の表をご覧下さい。

地方物件
・価格が1億円
・利回り15%
　(年間の家賃収入 1,500万円)

都心物件
・価格が1億円
・利回り10%
　(年間の家賃収入 1,000万円)

両方とも物件価格は同じですが、利回りがかなり違っています。地方物件が都心物件の1.5倍です。したがって、単年度だけで比較すると明らかに地方物件のほうが有利ですが、長期間所有する場合にはいずれが有利なのでしょうか？　簡単には分かりそうにありません。

次のグラフをご覧下さい。これは地方物件と都心物件の家賃収入の将来推移をイメージしてグラフ化したものです(購入して30年後に解体するという前提に立っています)。

<地方物件と都心物件の家賃収入の将来推移を比較すると…>

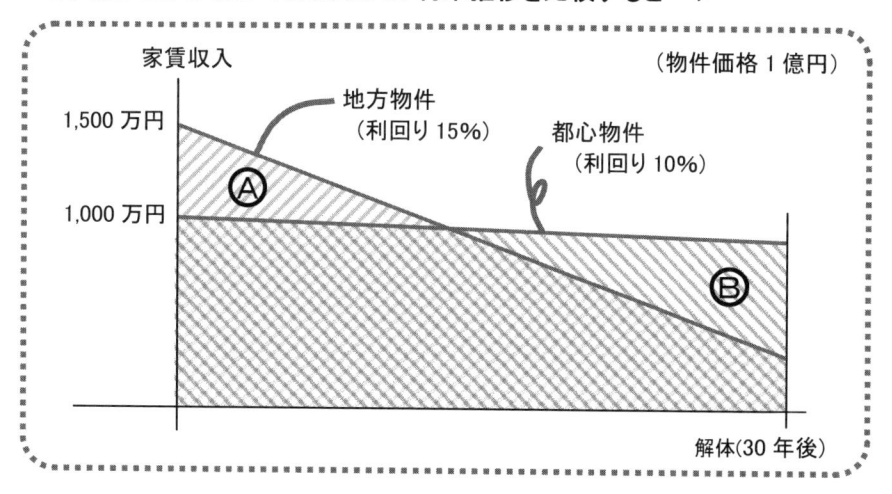

```
家賃収入                              （物件価格1億円）
                地方物件
1,500万円        （利回り15%）
                          都心物件
          Ⓐ              （利回り10%）
1,000万円

                                    Ⓑ


                                    解体(30年後)
```

　これを見ますと、地方物件の場合は家賃収入がかなり急激に減少していますが、都心物件の場合はそれほどではありません。

　したがって、**いずれが有利かを判定するためにはそれぞれの面積を計算する必要があります。グラフで言えば、ⒶとⒷの面積を比較して、いずれが多いかを計算する必要があるということです。**

　もちろん現実問題として正確な面積を計算することはできませんが、少なくとも世間一般に言われているような利回りだけで判断するよりは余程マシです。

　人間というのは考えることが億劫な動物のようです。

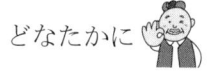

　どなたかに　〇〇%以上あればバッチリです　と言って欲しいのです。

　そうすれば何も考える必要がないからです。

　　　　でも、それではマズイ。何と言っても数千万円、数億円の買い物
　　　　をするわけですから、スーパーで買い物をするのとはチョット違
　　　　います。少しは手間をかけていただきたいのです。

　以上は物件の所在場所の違いに焦点を当てたのですが、次は**ハード面**の違いについて検討してみることとします。

例えば、センスも良く、手入れが行き届いており、将来ともリフォーム代がそれほどかからない造りになっている物件と、反対にセンスもなく、放ったらかしで、かなりガタが来ている物件ではどうでしょうか？

このような場合には明らかに前者が選ばれますが、利回りが相当違っていたとしたらどうでしょうか？

いくらまでの開きであれば後者のボロイ物件が選ばれるのでしょうか？

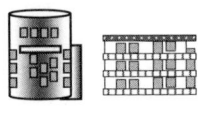

これについては、やはりリフォーム代がいくらかかるかで判断すべきでしょう。それも当面のリフォーム代だけでなく**所有している全期間のリフォーム代を合計して比較する必要があります。**

上記で、**「将来ともリフォーム代がそれほどかからない造りになっている物件」**という表現を用いたのは、そのような意味を込めています。

よく、現地調査しなければならないと言われますが、その意味するところは実はこういうことなのです。いくら利回りが高い物件であっても、その利回りが絵に描いた餅であってはならないのです。

お見合いの場合も同じです。写真だけで判断するとトンデモナイことになります。是非とも実際にお会いして化けの皮を剥がすようにして下さい。

実物のほうが良いということもたまにありますが、そういった場合は相手から断られるケースが多いようです。世の中、なかなか思うように行きません。
（著者の経験談より）

かなり脱線してしまいましたが、要するにハード面に違いがある場合には将来のリフォーム代を正確に予測する必要があるということです。

これらをないがしろにしてイイカゲンに即断するようなことがあってはならないのです。

以上、物件の所在場所の違いとハード面の違いに焦点を当てて検討してきましたが、これ以外にもイロイロ検討しなければならない点があります。

しかしながら、**どんな場合でも将来のキャッシュフローがどうなるのかをできるだけ正確に予測する**というのがどうやら最も正しいやり方ではないかと思います。

ところで、**将来のキャッシュフローを計算する場合、毎年の収支だけでなく、手仕舞いする場合の収支も計算に織り込んでおく必要があります。**

言うまでもなく不動産というのは最終的に取壊されることになりますが、それまで保有し続けるのか、あるいは時機を見て転売するのかによって損得計算は異なります。

そこで、これらの点も考慮に入れながら、**新築時(または購入時)から取壊し時(または売却時)までのトータル・キャッシュフローをできるだけ正確にシミュレーションしておくべき**だということです。

そうは言っても初めてだと、どうやっていいのか手掛かりが掴めないと思いますので、当社が開発した事業収支計算ソフトを用いて作成した計算例をご紹介しておきます。これらを参考にしてエクセル等で計算してみて下さい。

なお、このような計算例はどの本にも載っておりませんので最初はとっつきにくいかも知れませんが、「アパマン経営の一生」を理解する上で非常に重要です。頑張って理解するようにして下さい。

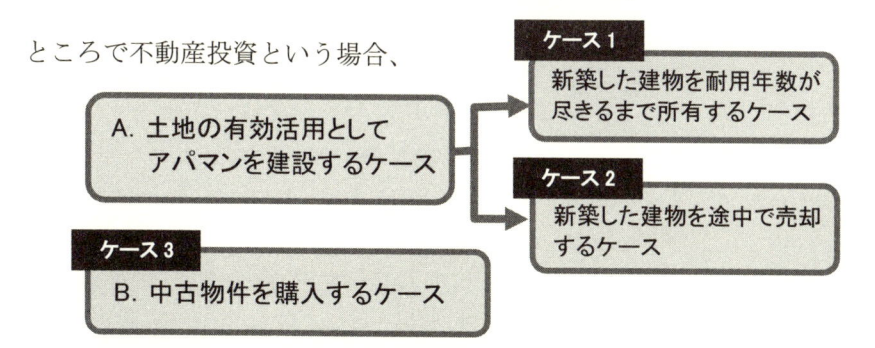

ところで不動産投資という場合、

A. 土地の有効活用としてアパマンを建設するケース
　ケース1　新築した建物を耐用年数が尽きるまで所有するケース
　ケース2　新築した建物を途中で売却するケース

ケース3
B. 中古物件を購入するケース

がありますが、それぞれ計算方法が異なりますので、以下、事例を設けてご説明いたします。

A. 土地の有効活用としてアパマンを建設するケース

ケース1
新築した建物を耐用年数が尽きるまで所有するケース

　最初は新築した建物を耐用年数が尽きるまで所有するケースです。次の表をご覧下さい。

〈トータル・キャッシュフロー〉

区分	備考	入金	出金	差額
新築時	建築費の一部として自己資金を投入する場合には現預金が減少しますので、その額を出金の欄に記入します。		1,000 千円（自己資金）	△1,000 千円
運営時	建物を新築してから取壊すまでの資金収支の累計額を入金欄に記入します。この額がマイナスであれば出金欄に記入することになります。	61,555 千円（資金収支累計額）		61,555 千円
取壊し時（30年後）	建物を取壊して更地の状態にするためには解体費だけでなく立退料もかかります。また、その時点で借入金が残っていれば一括返済しますので、これらの合計額を出金欄に記入します。		4,207 千円（解体費等）	△4,207 千円
合　計		61,555 千円	5,207 千円	56,348 千円

　この表は新築時から建物取壊し時までのすべてのキャッシュフローを一覧表示したものです。順番にご説明します。

　まず 新築時 には建物の建築費を支払わなければなりませんが、通常は借金して支払います。

　借金だってオーナーの債務であるからキャッシュフローに関係している感じがしますが、借金したお金はオーナーをスルーして建設会社に支払われるだけですから無視します。

　なお、この事例のように自己資金を1,000千円投入している場合には出金欄に記載します。

40

次に 運営時 (建物が完成し取壊すまでのすべての期間)ですが、これについては 図表 2-2 のような事業収支計画書の数値を単純に転記します。

図表 2-2 (単位:千円)

項目		1年目	2年目	3年目	4年目	5年目	10年目	15年目	20年目	25年目	30年目	合計
収入	家賃収入(住宅)	6,360	6,360	6,360	6,360	6,360	6,360	6,042	6,042	5,724	5,724	181,260
	駐車料収入	514	514	514	514	514	514	488	488	462	462	14,638
	(−)空室控除	−752	−752	−752	−752	−752	−752	−1,020	−1,020	−967	−967	−27,387
	共益費収入	205	205	205	205	205	205	185	185	175	175	5,648
	礼金・更新料収入	504	126	504	126	504	126	453	113	429	107	8,662
	資金運用益(0.5%)	5	5	5	5	5	5	5	5	5	5	146
	合計	6,836	6,458	6,836	6,458	6,836	6,458	6,152	5,812	5,829	5,507	182,967
借入金返済額	支払利息	1,103	1,059	1,013	967	919	943	623	67	6	3	16,055
	元金返済額	1,757	1,802	1,847	1,894	1,942	2,123	2,517	3,073	17	20	45,113
	合計	2,860	2,860	2,860	2,860	2,860	3,066	3,140	3,140	23	23	61,167
支出	固定資産税(建物)	168	156	144	267	248	169	115	78	67	67	3,784
	固定資産税(土地)	98	98	98	98	98	98	98	98	98	98	2,940
	都市計画税(建物)	72	67	62	57	53	36	25	17	14	14	911
	都市計画税(土地)	42	42	42	42	42	42	42	42	42	42	1,260
	共益費	205	205	205	205	205	205	185	185	175	175	5,648
	管理手数料	306	306	306	306	306	306	275	275	261	261	8,426
	建物維持管理費	120	120	121	121	122	125	129	131	135	138	3,863
	建物修繕費	255	255	258	258	260	266	274	279	288	293	8,814
	修繕積立金	100	100	100	100	100	100	100	100	100	100	3,000
	広告費	252	63	252	63	252	63	57	57	54	54	1,921
	その他の経費	200	200	202	202	204	208	214	219	225	230	6,439
	所得税・住民税等	174	232	298	229	297	248	267	456	877	785	13,238
	合計	4,852	4,703	4,759	4,809	4,858	4,931	4,919	5,077	2,359	2,280	121,399
資金収支		1,983	1,754	2,076	1,649	1,977	1,526	1,233	735	3,469	3,226	**61,555**

※四捨五入の関係で合計とか差し引きの数値が合っていない場合があります(次ページ以降の図表も全て同じです)。

この事例では30年目で解体するという前提で計算しておりますので、30年間の資金収支累計額である 61,555 千円をキャッシュフローの表に転記することになります。

最後は 取壊し時 の出金です。建物を取壊して解体する場合には通常、建物の解体費と立退料が発生します。この事例では次のような前提で計算しております。

〈解体費・立退料〉

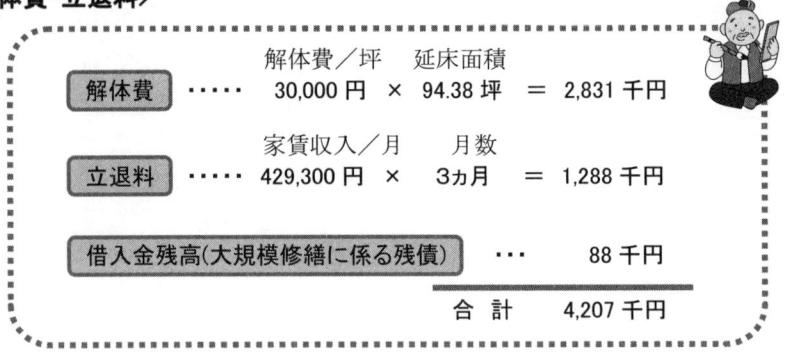

	解体費／坪	延床面積	
解体費 ‥‥	30,000 円 ×	94.38 坪	= 2,831 千円

	家賃収入／月	月数	
立退料 ‥‥	429,300 円 ×	3ヵ月	= 1,288 千円

借入金残高(大規模修繕に係る残債) ‥‥ 88 千円

合 計 4,207 千円

　まず**建物の解体費**ですが、この事例では木造のアパートということで坪当たり解体費を3万円で計算しておりますが、鉄骨造であるとかRC造等である場合には4万円とか5万円かかる場合もあります。

　次に**立退料**ですが、ここでは月額家賃収入の3ヵ月分で計算しております。業務用の場合には家賃収入の10ヵ月分ほどかかるケースが多いのですが、アパマンの場合はこの程度でいいのではないでしょうか？

　なお、解体時点で借入金が残っている場合には、その時点で**一括返済**しますので、それも含めて出金欄に記載します。この事例では大規模修繕に係る残債が88千円残っているものとして計算しております。

　以上の結果、この事例では

差引 56,348 千円の手取り収入が見込める

ということが分かりました(自己資金1,000千円を差し引く前は57,348千円となります)。

　このようにアパマンというのは、いったん建てれば最終的に取壊す必要がありますし、入居者が居れば立ち退いてもらう必要がありますので、これらのコストもすべて事業計画に織り込んでおく必要があるのです。

ケース2
新築した建物を途中で売却するケース

次は新築した建物を何らかの都合で売却するケースです。相続で売却しなければならないケースとか、途中で資金ショートを来たすケース等を想定しております。それでは、次の表をご覧下さい。

相続で
どうしても…

<トータル・キャッシュフロー>

区分	備考	入金	出金	差額
新築時	建築費の一部として自己資金を投入する場合には現預金が減少しますので、その額を出金の欄に記入します。		1,000 千円 (自己資金)	△1,000 千円
運営時	建物を新築してから売却するまでの資金収支の累計額を入金欄に記入します。この額がマイナスであれば出金欄に記入することになります。	27,512 千円 (資金収支累計額)		27,512 千円
売却時 (20年後)	不動産を売却する場合には仲介手数料等の譲渡費用に加えて譲渡所得税とか住民税がかかりますので、これらのコストを見込んでおく必要があります。また、売却した場合の手取り収入から、その時点の借入金残高を一括返済しますので、出金欄にその額を記入します。	40,656 千円 (売却手取収入)	0 千円 (借入金残高)	40,656 千円
合　計		68,168 千円	1,000 千円	67,168 千円

　この表は新築時から建物売却時までのすべてのキャッシュフローを一覧表示したものです。以下、順番にご説明します。

　最初の 新築時 については①の建物を耐用年数が尽きるまで所有するケースとまったく同じですから説明は省略します。

次に　運営時　（建物が完成し売却するまでのすべての期間）ですが、これについても①と基本的に同じです。ただし、この場合には 20 年後に売却するという前提なので、当初 20 年間の資金収支累計額を転記することになります。

図表 2－3　　　　　　　　　　　　　　　　　　　　　　（単位：千円）

項　目		1年目	2年目	3年目	4年目	5年目	10年目	15年目	20年目	合計
収入	家賃収入(住宅)	6,360	6,360	6,360	6,360	6,360	6,360	6,042	6,042	124,020
	駐車料収入	514	514	514	514	514	514	488	488	10,015
	(-)空室控除	-752	-752	-752	-752	-752	-752	-1,020	-1,020	-17,721
	共益費収入	205	205	205	205	205	205	185	185	3,899
	礼金・更新料収入	504	126	504	126	504	126	453	113	5,979
	資金運用益(0.5%)	5	5	5	5	5	5	5	5	98
	合計	6,836	6,458	6,836	6,458	6,836	6,458	6,152	5,812	126,290
支出	借入金返済額 支払利息	1,103	1,059	1,103	967	919	943	623	67	16,028
	元金返済額	1,757	1,802	1,847	1,894	1,942	2,123	2,517	3,073	45,000
	合計	2,860	2,860	2,860	2,860	2,860	3,066	3,140	3,140	61,028
	固定資産税(建物)	168	156	144	267	248	169	115	78	3,106
	固定資産税(土地)	98	98	98	98	98	98	98	98	1,960
	都市計画税(建物)	72	67	62	57	53	36	25	17	766
	都市計画税(土地)	42	42	42	42	42	42	42	42	840
	共益費	205	205	205	205	205	205	185	185	3,899
	管理手数料	306	306	306	306	306	306	275	275	5,816
	建物維持管理費	120	120	121	121	122	125	129	131	2,511
	建物修繕費	255	255	258	258	260	266	274	279	5,639
	修繕積立金	100	100	100	100	100	100	100	100	2,000
	広告費	252	63	63	63	63	63	57	57	1,385
	その他の経費	200	200	202	202	204	208	214	219	4,185
	所得税・住民税等	174	232	298	229	297	248	267	456	5,643
	合計	4,852	4,703	4,759	4,809	4,858	4,931	4,919	5,077	98,769
資金収支		1,983	1,754	2,076	1,649	1,977	1,526	1,233	735	27,512

そして最後は　売却時　の計算です。売却する場合には、まずいくらで売却できるのかを予測する必要があります。次の表をご覧下さい。この表は 20 年後に売却した場合の予想売却価格の計算過程を表示したものです。

20 年後に
いくらで売れるかねえ…
トンと見当もつかねえなあ…

第2章 アパマンの投資判断は、こうする！

〈予想売却価格〉

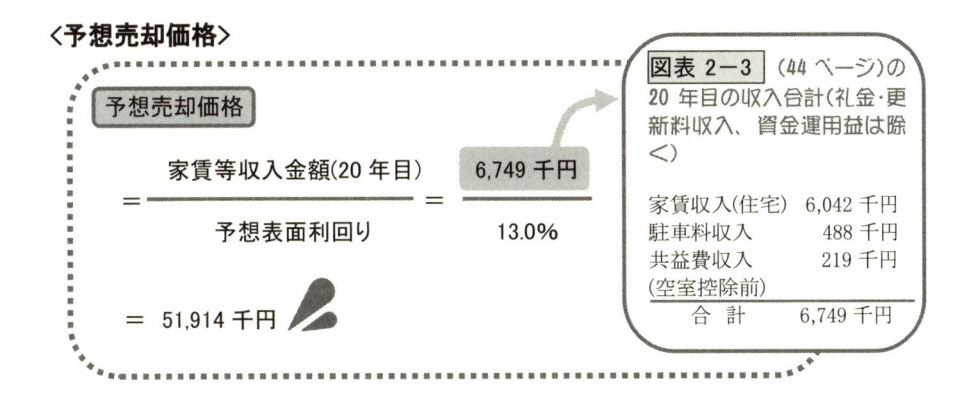

予想売却価格 = 家賃等収入金額(20年目) / 予想表面利回り = 6,749千円 / 13.0%

= 51,914千円

> 図表2-3 (44ページ)の20年目の収入合計(礼金・更新料収入、資金運用益は除く)
>
> 家賃収入(住宅)　6,042千円
> 駐車料収入　　　　488千円
> 共益費収入　　　　219千円
> (空室控除前)
> 合　計　　　　6,749千円

不動産をいくらで売却できるかを予測するのは難しいのですが、この事例では売却年度である20年目の家賃等収入金額を予想表面利回りで逆算して求めております。13%程度では難しいと思えば、もう少し高くします。

そうすると価格は安くなるんじゃ。

以上で売却価格が求められましたので、今度は**手取り収入の計算**に移ります。次の表をご覧下さい。この表は売却手取り収入の計算過程を表示したものです。

〈売却手取り収入の計算〉

項　目		金　額
譲渡収入金額　　　　　　　　……(イ)		51,914 千円
取得費	工事費等	42,525 千円
	土地取得費等	2,292 千円
	減価償却累計額	△42,221 千円
	合　計　　　　……(ロ)	2,596 千円
譲渡費用	仲介手数料	1,698 千円
	印紙税	45 千円
	除去損失等	0 千円
	立退料	0 千円
	合　計　　　　……(ハ)	1,743 千円
譲渡所得　　　　　(イ)-(ロ)-(ハ)		47,574 千円
税金	譲渡所得税(15%)	7,136 千円
	譲渡住民税(　5%)	2,379 千円
	合　計　　　　……(ニ)	9,515 千円
売却手取収入　　　　(イ)-(ハ)-(ニ)		40,656 千円

以下、簡単にご説明しておきます。

まず**譲渡収入金額**ですが、これは上記で求めた金額をそのまま転記します。

譲渡収入金額はそのまま転記

次に**取得費**のうち建物については、当初の建築費（工事費等）から売却時までの減価償却費累計額を控除して求めます。

この事例では工事費等が 42,525 千円、減価償却費累計額が 42,221 千円ですから 304 千円となります。

木造の建物の耐用年数は 22 年ですから、ほとんどが償却済みです。

なお、**土地取得費等**として 2,292 千円記載されておりますが、これは土地・建物の概算取得費です。これは**実際の取得費と譲渡収入金額の5%のいずれか多い額を取得費として控除できるという特例**のことです。

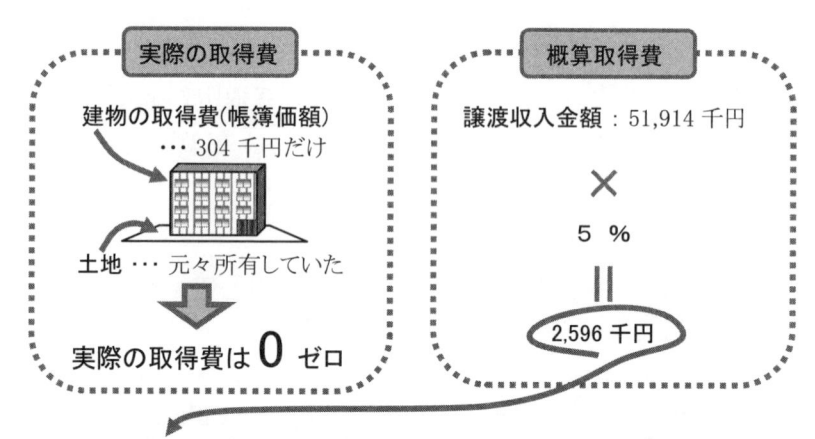

実際の取得費

建物の取得費（帳簿価額）
… 304 千円だけ

土地 … 元々所有していた

実際の取得費は **0** ゼロ

概算取得費

譲渡収入金額：51,914 千円

× 5 %

= 2,596 千円

そこで、**こちら**の概算取得費を採用しているというわけです。

(2,596 千円 − 304 千円 ＝ 2,292 千円)

以上の結果、最終的に手元に残る**手取り収入**は 67,168 千円となります（自己資金 1,000 千円を差し引く前は 68,168 千円）。

ただし、このケースでは土地が無くなるわけですから、上記で計算した手取り収入の額から<u>土地の時価相当額を差し引いて損得計算する必要があります</u>。

46

ケース3

B. 中古物件を購入するケース

次は中古物件を購入するケースです。もともと土地を所有していない人にとっては出来合いの中古物件を購入するしかありません。

なお、**中古物件を購入した上で最終的に取壊すまで所有するケース**については「A.土地の有効活用としてアパマンを建設するケース」と基本的な仕組みは同じですので、そちらをご覧下さい。

また、**新規に土地を取得してアパマンを建てるケース**も「A.土地の有効活用としてアパマンを建設するケース」と基本的に同じです。

〈トータル・キャッシュフロー〉

区分	備考	入金	出金	差額
取得時	不動産を取得する場合はほとんどのケースで自己資金を投入します。自己資金を投入するということは現預金が減少することを意味しますので、その額を出金の欄に記入します。		10,000 千円 (自己資金)	△10,000 千円
運営時	不動産を取得してから売却するまでの資金収支の累計額を入金欄に記入します。この額がマイナスであれば出金欄に記入することになります。	54,238 千円 (資金収支累計額)		54,238 千円
売却時（20年後）	不動産を売却する場合には仲介手数料等の譲渡費用に加えて譲渡所得税とか住民税がかかりますので、これらのコストを見込んでおく必要があります。 また、売却した場合の手取り収入から、その時点の借入金残高を一括返済しますので、出金欄にその額を記入します。	92,573 千円 (売却手取収入)	34,430 千円 (借入金残高)	58,143 千円
合計		146,810 千円	44,430 千円	102,381 千円

前ページの表は取得時から売却時までのすべてのキャッシュフローを一覧表示したものです。それぞれの内容については今までの説明でだいたいお分かりいただけることと思います。

そこで、ここでは計算の基礎データだけを掲載しておきます。

まず 図表2－4 は**取得時から売却時(20年後)までの事業収支を計算したもの**です。右下の資金収支の合計額が20年間に得られる手取り収入というわけです。

図表2－4　　　　　　　　　　　　　　　　　　　　　　　　（単位：千円）

項目		1年目	2年目	3年目	4年目	5年目	10年目	15年目	20年目	合計
収入	家賃収入(住宅)	15,420	15,420	15,420	15,420	15,420	15,420	14,649	14,649	300,690
	(－)空室控除	-1,687	-1,687	-1,687	-1,687	-1,687	-1,687	-1,602	-1,602	-32,888
	共益費収入	1,240	1,240	1,240	1,240	1,240	1,240	1,178	1,178	24,175
	礼金・更新料収入	1,221	305	1,221	305	1,221	305	1,160	290	14,878
	資金運用益(1.0%)	34	34	34	34	34	34	34	34	684
	合計	16,228	15,313	16,228	15,313	16,228	15,313	15,418	14,549	307,539
支出	借入金返済額 支払利息	3,851	3,744	3,632	3,518	3,400	2,754	2,016	1,136	52,344
	借入金返済額 元金返済額	3,546	3,654	3,765	3,880	3,998	4,644	5,444	6,324	96,110
	合計	7,398	7,398	7,398	7,398	7,398	7,398	7,460	7,460	148,454
	固定資産税(建物)	700	665	632	600	570	441	341	264	8,981
	固定資産税(土地)	102	102	102	102	102	102	102	102	2,030
	都市計画税(建物)	150	143	135	129	122	95	73	57	1,925
	都市計画税(土地)	44	44	44	44	44	44	44	44	870
	共益費	1,240	1,240	1,240	1,240	1,240	1,240	1,178	1,178	24,175
	管理手数料	687	687	687	687	687	687	652	652	13,390
	建物維持管理費	463	463	463	463	463	463	439	439	9,021
	建物修繕費	463	463	463	463	463	463	439	439	9,521
	修繕積立金	330	330	330	330	330	330	330	330	6,600
	所得税・住民税等	0	262	828	599	920	886	1,776	2,769	28,334
	合計	11,574	11,794	12,318	12,052	12,337	12,146	12,835	13,733	253,293
資金収支		4,654	3,519	3,909	3,261	3,892	3,167	2,583	815	**54,238**

次は**売却価格**ですが、中古の物件を購入してから20年後に売却するという前提ですから予想表面利回りを比較的高い利回り（16％）で計算しております。利回りを高くすると売却価格は逆に安くなります。

利回りを高くする
↓
売却価格は安くなる

48

第 2 章 アパマンの投資判断は、こうする！

<予想売却価格>

予想売却価格

$$= \frac{\text{家賃等収入金額(20年目)}}{\text{予想表面利回り}} = \frac{15,971 \text{千円}}{16.0\%}$$

$$= 99,821 \text{千円}$$

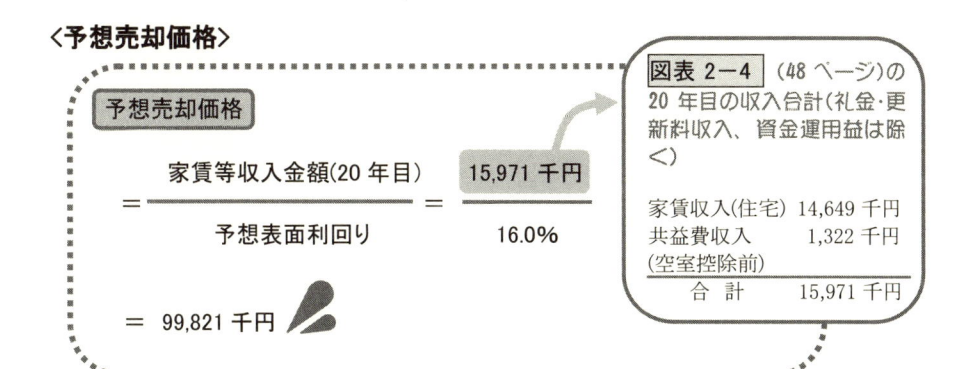

> 図表 2-4 (48ページ)の 20年目の収入合計(礼金・更新料収入、資金運用益は除く)
>
> 家賃収入(住宅) 14,649 千円
> 共益費収入 1,322 千円
> (空室控除前)
> 合　計　15,971 千円

　以上で売却価格が求められましたので、次は手取り収入の計算に移ります。次の表をご覧下さい。この表は売却手取り収入の計算過程を表示したものです。

<売却手取り収入の計算>

項　目		金　額
譲渡収入金額　　　　　　　……（イ）		99,821 千円
取得費	取得価額	130,000 千円
	仲介手数料	4,158 千円
	リフォーム代	0 千円
	減価償却累計額	△57,571 千円
	合　計　　　……（ロ）	76,587 千円
譲渡費用	仲介手数料	3,207 千円
	印紙税	45 千円
	除去損失等	0 千円
	立退料	0 千円
	合　計　　　……（ハ）	3,252 千円
譲渡所得　　　　　　（イ）−（ロ）−（ハ）		19,982 千円
税金	譲渡所得税(15%)	2,997 千円
	譲渡住民税(5%)	999 千円
	合　計　　　……（ニ）	3,996 千円
売却手取収入　　　　（イ）−（ハ）−（ニ）		92,573 千円

　内容については土地活用の所で説明しましたので、だいたいお分かりいただけると思いますが、取得費の欄の取得価額と減価償却累計額については分かりづらいのではないかと思いますので補足しておきます。

取得価額が 130,000 千円となっていますが、これは土地代 72,000 千円と建物代 58,000 千円の合計です。

このうち、建物については減価償却するわけですが、償却対象額は建物代金 58,000 千円と建物に按分された仲介手数料 1,855 千円の合計 59,855 千円となります。

この償却対象額に対して 20 年間償却した累計が減価償却累計額 57,571 千円になるというわけです。

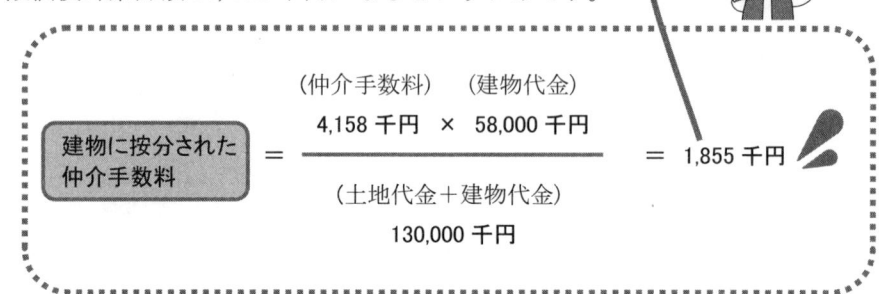

$$\text{建物に按分された仲介手数料} = \frac{\overset{(仲介手数料)}{4,158\text{千円}} \times \overset{(建物代金)}{58,000\text{千円}}}{\underset{130,000\text{千円}}{(土地代金＋建物代金)}} = 1,855\text{千円}$$

ところで、最終的に手元に残る手取り収入は 102,381 千円となっていますが、これは自己資金 10,000 千円を差し引いた後の金額です。

以上、3 つのケースについて具体的に計算してみましたが、要するに

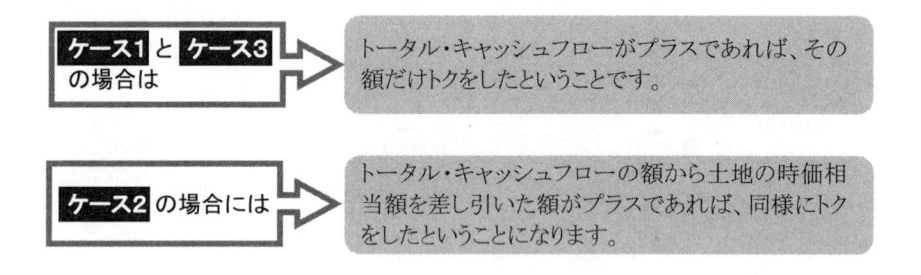

| ケース1 と ケース3 の場合は | トータル・キャッシュフローがプラスであれば、その額だけトクをしたということです。 |

| ケース2 の場合には | トータル・キャッシュフローの額から土地の時価相当額を差し引いた額がプラスであれば、同様にトクをしたということになります。 |

もちろんプラスの額が多いに超したことはありませんが、少なくとも

アパマン経営をやった場合、どの程度もうかるかの計算方法については何となくご理解いただけたのではないでしょうか？

最後に、まとめとして、アパマン経営が儲かるのかどうかを判断する場合のポイントついて、以上の説明を踏まえて、簡単にまとめておきましたので、ご参考にして下さい。

ここがポイント ✓

<アパマン経営が儲かるかどうかを判断する場合のポイント>

①表面利回りとか実質利回りは参考程度に考える。

これらの指標はあくまで現時点の収入とか経費だけで計算している。家賃収入は基本的に減少していくわけであり、リフォーム代は逆に増加していくことになるので、現時点だけでなく将来の推移についてもできるだけ正確に予測する必要がある。

②ゲンブツを自分の目でシッカリと確認する。

中古物件の場合には実に様々なマイナス要因が隠されている。売主とか仲介する業者は基本的に当該物件を悪く言わないとの認識に立ち、ご自分で納得のいくまでゲンブツ調査すべきである。

③手仕舞いまでのすべてのコストを考慮する。

不動産は出口戦略が重要であると言われるが、これは要するに取得した物件を最後に自分の手から離れるまでのすべてのコストを考慮した上で取得するか否かを判断しなければならないということである。

第3章

土地活用の失敗原因と対策

何でも失敗には原因がある。そして原因が分かれば失敗する確率も減ってくる。シッカリ勉強して失敗しないようにしないとなあ。

この章では土地活用の失敗原因と対策ということでお話ししたいと思います。
　一口に土地活用の"失敗"と言っても様々なものがあります。そこで、まず最初にどういったことが失敗と考えられるのかを明確にするところからスタートすることにします。
　ところで失敗には常に原因があります。火の無い所に煙は立たないと言いますが、失敗には多かれ少なかれ何らかの原因が存在するのです。
　どなたでも失敗しないように気を付けているとは思いますが、失敗の原因を徹底的に追求することによって、結果的に失敗する確率を減らすことができるのです。
　ところで私は様々な方から土地活用のご相談をお受けするのですが、失敗する人には面白いことにいくつか共通点があるのです。
　そして、１時間も話をすると、この人は失敗するだろうなとだいたい分かるようになってきました。
　ここでは差し障りがあるので明らかにできませんが、いずれにしても、私とはソリが合わないということだけは事実です。

① 土地活用の"失敗"とは？

　この章では土地活用の"失敗"について検討してみたいと思います。私は以前「相続対策失敗事例集」という本を書いたことがあるのですが（バブル期の1990年）、何かを実行しようとすると、かなりの割合で失敗します。

　　受験に失敗した　　　　海で溺れそうになった
　　仕事で失敗した　　　　離婚した

　等々、どんな人も1つや2つの失敗は必ずあるはずです。

　もし、何も失敗したことがないとすると、その人はそもそも何もチャレンジしなかったのだと考えられます。
　例えば、受験したことがない人は「受験に失敗した」という経験をすることはないわけですし、結婚したことがない人は「離婚した」ことは当然ながらありません。
　それでは土地活用の場合はどうでしょうか？　土地活用というとアパートとかマンション経営が一般的ですが、それではアパマン経営等における"失敗"とは何でしょうか？

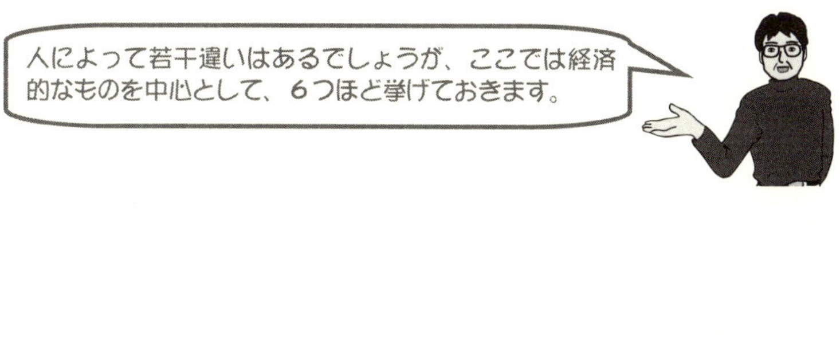

　　人によって若干違いはあるでしょうが、ここでは経済的なものを中心として、6つほど挙げておきます。

55

①空室が多くなり、借金の返済がままならない状況になった

　アパマン経営において、かなりの人が考える"失敗"とは、建てたけれど入居者が現れず空室状態が続くということではないでしょうか？

　あるいは新築のときは満室だったとしても徐々に空室が増えてきて借金の返済が難しくなってきたといったところでしょうか？

　アパマン経営というものは入居者あっての商売ですから、入居者がいなくてはそもそも経営が成り立ちません。また、いくら入居率が高くても家賃を極端に安くしたのであれば実質的には同じことです。

　いずれにしても当初計画していた家賃収入と比較して、かなり少ない収入しか得られていないのであれば、 失敗 と考えるべきでしょう。

　なお、アパマン経営の場合、**収入の減は即、利益の減になります**ので、入居率とか家賃の高低は直接的に経営に響いてくるということはシッカリ理解しておく必要があります。

　この点はホテル経営とか旅館経営の場合とまったく同じじゃ。

②突然の契約解除により収入がゼロとなった

　また、比較的よくあるのが、ある日突然、テナントから契約を解除され、収入がゼロになってしまったというものです。

　アパートとかマンションでいくつかある部屋の内の1つが解約になったというのであれば、それほど大したことはありませんが、1棟の建物を1つのテナントに貸していた場合には影響が甚大です（アパマンの場合であっても社宅とか寮であれば同じ状況になります）。

　私のお客様で、ある自動車販売店に店舗として貸していた建物が最近の経済不況で突然契約が解除になりました。

　もちろん6ヵ月間は解約予告期間として家賃は保証されますが、その後が大変です。自動車販売店用の仕様で建物を作っているため、そのままでは当然ながら他業種に流用できません。

他の自動車会社に貸そうにも、すべての自動車会社がアップアップの状態ですからどうしようもありません。

いったん建物を解体して何か別の建物に作り変える必要がありそうです。

このように1棟貸しの場合には**何らかの状況変化で収入がゼロになってしまうリスクがある**のです。

このことは何も不動産賃貸業に限定されません。一般の業種であっても、例えば下請けのような形態であれば同じ危険性を常に内包しているということは十分に認識しておかなければなりません。

なお、この突然の契約解除も広い意味では一番目の空室による収入減と同じ範疇に入りますが、契約形態が違うということで別の"失敗"として分類しました。

③相続税の納税ができなくなってしまった

アパマン経営の目的は何も収入アップだけではありません。土地をかなり所有している方にとっては**相続税も大きな悩みの1つな**のです。

ところでアパマンを建てますと相続税はかなり安くなりますが、相続はいつ発生するか分かりません。したがって、いつ発生してもいいように周到に準備しておく必要があるのですが、これが不十分なまま実行することがあります。

相続において節税対策は大切ではありますが、対策を実行しても相続税がゼロになるとは限りませんし、逆に**相続税をゼロにするようなプランニングには無理が生ずるケースがよくある**のです。

したがって、ケースにもよりますが、

> ある程度の相続税はかかるという前提に立ち、その場合の納税方法を常に考えておくというスタンスが一番良いようです。

④土地を手放すことになってしまった

上記①とか②を原因として、あるいはその他の原因で最終的に土地を手放さざるを得なくなることがあります。先祖代々の土地を守るためにアパマン等を建てたのに、逆に土地を手放さざるを得なくなるということがままあります。

⑤不法入居者に悩まされることになった

また、オウム真理教のような新興宗教の教団とかヤクザといった不法入居者が入居する可能性がないとは限りませんし、普通の入居者が、ある日突然新聞沙汰になるような殺人を犯すといったことがありますが、そうなると厄介です。

優良な入居者までもが一斉に退去するだけでなく、下手をすれば立ち退きのために相当の出費を余儀なくされる可能性もあります。

⑥火事とか地震で建物が崩壊した

入居者による不始末で火事が発生することもありますし、また日本の場合には地震で建物が崩壊する可能性もあります。

> 以上、ご説明したとおり、土地活用において"失敗"と考えられるものには実に様々なものがありますが、"失敗"にはすべて原因があります。

そこで、以下、失敗の原因にはどのようなものがあるのかを検討してみることとします。 失敗 を失敗のままで終わらせるのではなく、失敗の 原因 を分析することによって、成功するための 対策 を見付け出すことが大切だからです。

❷ 土地活用の失敗原因と対策

　土地活用の失敗原因を考える場合、個人でコントロールできるもの（内部要因）と、個人ではコントロールできないもの（外部要因）に分けたほうが整理しやすいと思います。

〈土地活用の失敗原因〉

内部要因	外部要因
1. 建物の種類を間違えた	1. 税制が大きく変わった
2. 建物の規模とか仕様を間違えた	2. 人口が大幅に減った
3. 資金計画を間違えた	
4. 土地と建物のバランスを間違えた	
5. 建物の建築主を間違えた	失敗のタネだらけじゃ
6. 建物を建てる土地を間違えた	
7. 建てる時期を間違えた	

A. 個人でコントロールできるもの（内部要因）

　それでは最初に個人でコントロールできる失敗原因からご説明します。細かいものはいろいろありますが、ここでは7つの失敗原因についてご紹介しておきます。

①建物の種類を間違えた

　この「**建物の種類を間違えた**」というのは、例えば本来であれば住居系のアパマンしか需要がないにもかかわらず貸ビルとか貸店舗を建てるといったケースです。

そんなバカなことがあるか！

59

と言われそうですが、この種の失敗は意外と多いのです。どのような建物が最もふさわしいかについてはジックリと腰を落ち着けて検討する必要があります。

②建物の規模とか仕様を間違えた

次は「**建物の規模とか仕様を間違えた**」というものです。例えば、本来であれば3階建ての賃貸マンションを建てるべきであったのに、戸建ての貸家をいくつか建ててしまったといったものです。当然ながら逆のケースもあります。

こうした間違いは市場調査が不十分であった、アパマン経営の目的を明確にしていなかった、建設会社を間違えた等々、様々な要因が複合的に絡み合っているケースが実は多いのです。

例えば、賃貸の需要はかなりあり、また相続対策でかなりの節税を図る必要があったにもかかわらず、最初に相談した建設会社が木造のアパートしかやっていなかったといったケースです。

こうした失敗を最小限に抑えるためには、**土地活用のコンサルティングをメインにしている会計事務所とか不動産コンサルタントに最初から相談する**ことです。

こういった専門家の場合には数多くの業者と付き合いがありますので、その中から最適な業者を紹介してくれるはずだからです。

> くれぐれも順番を間違えないようにして下さい。

③資金計画を間違えた

次は「**資金計画を間違えた**」というものです。土地活用の経験があまりない場合には建物というハードばかりが気になり、資金計画をないがしろにするケースが多いようです。

もちろん建物自体の良し悪しは非常に重要ですし、高い家賃を取れる場合には資金についてそれほど神経質になる必要はありません。

ところがアパマン経営というのは、その手軽さから新規参入が絶えませんし、今後は少子高齢化も手伝い、ますます厳しい状況に追い込まれます。

したがって、**立派な建物を建てれば入居者に困ることはほとんどないだろうといった安易な考えだけは厳に慎まなければなりません。**

ところで「資金計画を間違えた」という失敗の内容ですが、これには次のような様々なものが含まれます。

例えば、

変動か固定か
長期か短期か
元利均等返済か元金均等返済か

といった**借入金の返済計画**だけでなく、

自己資金か借入金か
事業用資産の買換え特例を活用するか否か

といったものまで含まれるのです。

もし、建築費の全額を自己資金で賄っていたらどうでしょうか？　借金の返済がないわけですから当然ながら収支は抜群に良いハズです。

全額を自己資金で建てる人なんていないだろう

と思われるかも知れませんが、世間は広いのです。私の顧問先にも何十億円もの建物をすべて自己資金で建てている人がいます。

そのお客様はほとんどの場合、**事業用資産の買換え特例を活用して建築資金を調達している**のですが、この特例は要するに事業用の土地を売却して別の土地に建物を建てるという手法ですから、原則として借金はしないのです。

ただし、このようにめぐまれた立場にある人はそう多くはありません。大多数の人は何となく遊ばせている土地があるのだけれど固定資産税はかかるし、草がボウボウでは近所迷惑になるといったケースが多いのではないでしょうか？

だからといって安易に借金して建てるというのはお奨めできません。ご自分の所有している土地の収益力とか、現時点での所得状況、資産状況等を総合勘案して無理のない事業計画を立案するようにしなければなりません。

> 土地活用というと所有地に目一杯の建物を全額借金して建てるという印象がありますが、こういった固定イメージは早急に払拭すべきです。

④土地と建物のバランスを間違えた

次は「**土地と建物のバランスを間違えた**」というものです。ちょっと変わったタイトルですが、土地活用において土地と建物のバランスは非常に大切であるということです。

例えば、土地が1で建物が3とすると、皆様方はどのように感じますか？ これらの数値が時価を表わしているとすると、土地1の上に建物が3乗っかっているというイメージです（ ケース1 ）。

何となくバランスが悪いと思いませんか？

逆に土地が3で建物が2の場合はどうでしょうか？ 土地というのは実質的に自己資金を投入したことと同じですから、土地の割合が大きい場合には通常は経営が安定するのです（ ケース2 ）。

第 3 章　土地活用の失敗原因と対策

ケース1 ・・・土地の割合が小さい場合

| 建物 | 3 | 借入金 | 3 |
| 土地 | 1 | 自己資金 | 1 |

ケース2 ・・・土地の割合が大きい場合

| 建物 | 2 | 借入金 | 2 |
| 土地 | 3 | 自己資金 | 3 |

「何となく言わんとしていることはお分かりいただけたでしょうか？」

　要するに土地活用においては**土地と建物のバランスが大切**であり、**建物の割合が大きすぎると、それだけリスクが高くなる**ということです。
　この点をよりハッキリと認識していただくために具体例を挙げておきます。土地の割合が高い **ケース2** については特に経営上問題ないため **ケース1** の場合に限定します。

土地の割合が小さいケースは一般的に地方が多いので(地方は土地の価格が建物の建築費に比較して相対的に安いということ)、地方の幹線道路沿いに10階建ての賃貸マンションを建てるというケースを考えてみましょう。

　幹線道路沿いですから通常はかなりの容積率になります。

> したがって建てようと思えば高層マンションを建てられるのですが、このような賃貸マンションが安定経営をもたらすと思われますか?

　高層マンションですから坪当たり建築費は当然ながら高くなります。ところがそれに比例して家賃を高くすることは非常に難しい。また、地方の物件ですから都心の物件のように収益性はもともとそれほど高くありません。

　このような理由により、地方都市にある幹線道路沿いの土地に全額借金して高層マンションを建てても通常は極めて厳しい状況に追い込まれる可能性が高いのです。

　そこで、もしこのような土地を所有している場合には**自分で土地活用することは諦め、土地は業者に売却してしまうか、等価交換方式を利用することを考えるべきではないか**と思います。

　あるいは別に土地があるのであれば、その別の土地を売却した資金で建物を建てるべきなのです。**容積率に余裕があるからといって安易に高層のビルを建てることは厳に慎まなければなりません。**

⑤建物の建築主を間違えた

　次は「建物の建築主を間違えた」というものです。これについては土地を所有している人が建てるべきだと考える人が多いのですが、

> 誰が建てるかによって様々な税金がまるっきり違ってきます。

　したがって、ある程度の規模以上の建物を建てる場合には、必ず会計専門家に相談するようにして下さい。

⑥建物を建てる土地を間違えた

　土地を複数所有しているとか、1つの土地でもかなり広い場合には、どの土地の、どの場所に、どの順番で建てるかをまず決める必要があります。
　よくあるのが、全体の敷地利用計画を考えないで何となく、

> 今回はここら当たりに建てましょう

といった安易な考えで実行しているケースが意外と多いのです。
　土地が広いということはほとんどのケースで相続税がかかるわけですが、アパマンを建てても相続税がゼロにならない場合には納税方法についても考えておかなければなりません。

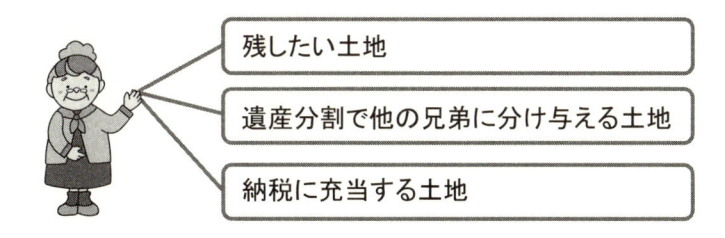

- 残したい土地
- 遺産分割で他の兄弟に分け与える土地
- 納税に充当する土地

にハッキリと分けてから、残したい土地と遺産分割で他の兄弟に分け与える土地を有効活用すべきなのです（なお、遺産分割で分け与える土地については生前に有効活用しないケースもあります）。

⑦建てる時期を間違えた

　最後は「**建てる時期を間違えた**」です。アパマンというのは超長期の設備投資ですから、**できるだけ建築費が安い時期に建てたほうが有利**なのです。こんなことは小学生でも分かります。
　ところが面白いことに建築費が高い時期に建てる人が意外と多いのです。その理由は<u>建築費が高い時期というのは一般的に経済が好調な時期が多い</u>からです。

人間というのは好景気な時は心がウキウキしますので、何でも上手くいくと考える傾向にあります。ところが好景気というのはそんなに長く続きません。長くて10年、普通は5～6年程度です。

　一方、アパマンというのはいったん建てますと30年とか40年はもたせる必要がありますので、建築費が安い時期に建てたほうが良いのです。

　ところが建築費が安い時期というのは逆に景気が悪い時期ですから、将来を悲観して投資に踏み切れないのです。

　つまり**大多数の人は経営の王道とはまったく逆のことをしているのです。成功する人と失敗する人の分かれ道は実はこういった点にある**のです。

　また日本人というのは他人の真似をしたがります。

　みんなで渡れば怖くないというキャッチフレーズがありますが、土地活用においては完全に間違いです。

　人がやらない時期に投資するからこそ商機が生まれるのだということをシッカリと認識することが大切です。

〈失敗のパターン・成功のパターン〉

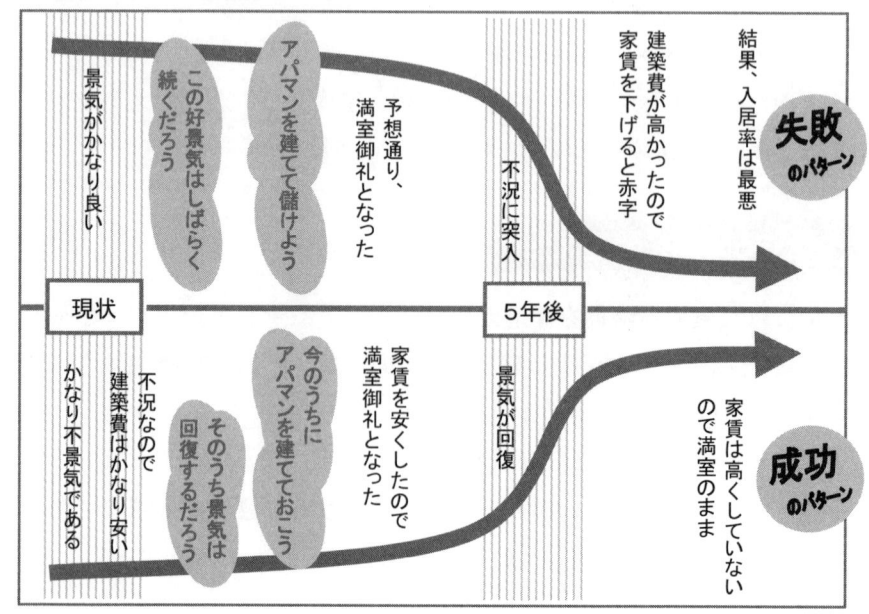

失敗のパターン（現状：景気がかなり良い → この好景気はしばらく続くだろう → アパマンを建てて儲けよう → 予想通り、満室御礼となった → 5年後、不況に突入 → 建築費が高かったので家賃を下げると赤字 → 結果、入居率は最悪）

成功のパターン（現状：かなり不景気である → 不況なので建築費はかなり安い → 今のうちにアパマンを建てておこう → そのうち景気は回復するだろう → 家賃を安くしたので満室御礼となった → 5年後、景気が回復 → 家賃は高くしていないので満室のまま）

B. 個人ではコントロールできないもの（外部要因）

以上ご説明した失敗は本来個人でコントロールできるものですが、失敗の原因には個人ではどうしようもないというものがあります。以下、これについてご説明いたします。

①税制が大きく変わった

まず「**税制が大きく変わった**」というものです。何らかの対策を実施する場合、当然ながら現状の税制を前提に節税の仕組みを構築することになります。

ところが、税制というのはその時々の経済状況とか政治状況によって大きく変動します。したがって将来の税制がどのように推移するかを正確に予測することは不可能です。

しかしながら、諸外国の税制とか日本の国民性等々を注意深く観察することによって、ある程度の予測はできるものです。

例えば、法人税とか所得税のような直接税について諸外国では毎年のように税率を下げています。

その理由は、もし自国の税率だけが高いと国内の企業とか高額所得者が国外に住所を移してしまいますし、外国の企業も、その国には投資しなくなってしまうからです。

したがって、日本の場合もこの大きな流れを無視することはできませんが、一方で日本人というのは平等意識が非常に強い国ですから、高額所得者とか大企業からガッポリと税金を取りたいと考えている人が多いのも事実です。

このような状況から判断しますと、短期間に直接税から間接税に大きくシフトすることは考えにくいのではないでしょうか？

いずれにしても、世界的に所得税等の税率が下がる傾向にあるからといって、日本が先頭を走ることは絶対にありません。

つまり、シブシブ下げるといった感じでしょうか？

また、相続税については廃止する国が増えていますが、同様の理由により日本が相続税を廃止することはほとんど期待できないと思います。

ところで、**特定の節税対策がブームになると突然規制するようになりますが、贈与とか売買で事前に財産そのものを相続人等に移してしまえば規制の対象外となります。**

> したがって、ある程度のコストはかかりますが、節税対策を考えるに当たっては評価を下げるという対策だけでなく、財産の移転についても合わせて検討されることをお奨めします。

②人口が大幅に減った

アパマン経営というのは入居者がいて初めて成り立つ事業です。したがって、入居者である国民の数が減少し、一方で物件数が一定であるとすると、当然ながら空室数は増えることになります。

もし、人口が減少しても、それに応じて物件数も減少すれば空室数が増えることはありません。

このような基本的理解の下に、それでは過去において日本の人口はどのように推移してきたのでしょうか？　また、将来において人口はどのように推移していくのでしょうか？

これについては既にご承知の通り、

> 日本の人口は2006年を境として減少に転じておる。また、将来の人口予測も減少していくだろうというのが大方の見方じゃ。

このことを踏まえればアパマン経営というのは非常に厳しい状況に追い込まれそうですが、これについては次のような観点から、もう少し詳細な分析が必要であろうと思われます。

(1) 人口ではなく世帯数で判断する必要がある。

人口が減少したとしても世帯数が減少しなければ空室は増えない。この世帯数は 2014 年まで増加するというのが国の予測である。ただし、それ以降になると世帯数自体も減少してくる。

(2) 将来予測は国の平均であり、県によっては増加するところもある。

上記の将来予測はあくまで国の平均である。東京都等では将来とも人口・世帯数が増加すると予測されている。

(3) 建物というのは時の経過と共に耐用年数が来る。

人間の寿命と同じく、建物も時の経過と共に年齢を重ねていくわけであるが、それに応じて建替えの需要がどうしても発生することになる。例えば、アパートの耐用年数を 30 年とし、現存のアパートがすべて新築だったとしても 30 年後には入居できる物件は国内に無いことになる。

なお、上記(1)、(2)はあくまで平均値です。人間の顔と同じく、アパートとかマンションの場合もまったく同じものはありません。たとえ外見が同じ仕様であったとしても建築した年度は異なるであろうし、所在場所も当然ながら異なります。

また、手入れの度合いによっても物件の価値は相当違ってきます。私は植物が好きで会社にもいろいろな植木を置いていますが、愛情を注いで大事に扱っていると植木も元気になります。

これはアパマンとて、まったく同じ。

チョットした手入れが、物件の価値を大きく左右することになるということをシッカリと認識しておかなければなりません。

いずれにしてもアパマン経営を考えられているのであれば、人口減という大きな流れは変えられませんので、競争力を維持するための様々な努力を傾注し続ける必要があります。

③ "土地活用の失敗"の本当の原因とは？

　以上述べましたように、土地活用の失敗には様々な原因がありますが、これらはどちらかと言えば一般的かつ表面的なものです。つまり、ある程度アパマン経営に携われば簡単に予測できることです。

　ところが、アパマン経営の失敗には、もっと根源的な理由がありそうです。以下、その理由について4つほど書いておきますが、ほとんどがオーナー側に原因のある内面的なものです。

> したがって、読んでいてカチンと来ることがあるかも知れませんが、できるだけ素直な気持ちでお読みいただければ幸いです。

①土地への執着心

　最初は「**土地への執着心**」です。この傾向は特に農家の方とか大地主の方に多いようです。

　いずれの場合にも先祖から受け継いできた大切な土地ですから、自分の代で土地を減らすことはできないという強烈な使命感があるのでしょう。

　したがって、相続によって形式上は自分の土地になったにもかかわらず、勝手に処分することは事実上ままならないというわけです。

　その点、たとえ相続で土地を取得したからといっても土地の面積があまり広くない場合にはそれほどの執着心はないようです。また、ご自分の努力と才覚で取得した場合には当然ながら土地に対する執着心はほとんどありません。

> それでは「土地への執着心」が強い場合、どうして土地活用において失敗するケースが多いのでしょうか？　その理由は相続税の節税の仕組み自体にあると考えられます。

第3章　土地活用の失敗原因と対策

　アパートとかマンションを建てれば相続税が安くなることは既にご承知だろうと思いますが、相続税は豪華な建物を建てるほど節税になるのです。
　ところが、いくら立派で豪華な建物を建てたからといって、それに比例して家賃を高く設定することはできません。したがって豪華な建物にすればするほど収支がドンドン悪くなるのです。
　この場合、収支が悪くなるだけならまだしも、収支がマイナスになるケースが意外と多いのです。
　そして収支がマイナスになりますと当然ながら借金の返済がままならなくなりますので、土地を一部処分せざるを得なくなります。
　土地を減らしたくないばかりに立派なアパマンを建てたことが、結果としてより多くの土地を手放すことになるというわけです。

　私は農地の宅地並み課税がスタートする時(平成4年3月)、独自で開発したコンピュータによるコンサルティングサービスがNHKとか日経新聞等に紹介されたことから、数多くのご相談をお受けする機会を得ました。
　その時、様々なケースを想定してシミュレーションしてみたのですが、

　　土地がかなり広い場合、すべての土地を残すことは不可能であるということが分かりました。

　つまり**相続税という借金も建築費としての借金も借金であることには変わらないので、土地を処分しないで返済しようとするとアパマン経営からの家賃収入を充当するしかありませんが、それはきわめて難しい**ということです。

例えば、豪華なマンションを建てれば相続税は安くなりますが（ゼロになることもある）、逆に建築費としての借金が増えます。

そうすると、上述したように収支が悪くなるどころかマイナスになることもあるのです。

一方、借金はイヤだということで小さいアパートしか建てなかったとしたらどうでしょうか？　当然ながら相続税という借金が増えます。

このように、

ある程度の土地を所有している場合、すべての土地を残すというプランには理論的に無理があるのです（金融資産をかなり所有しているとか高額所得者の場合は別ですが…）。

まして、アパマンからの手取り収入の一部を生活費として充当したいとか、かなり広い自宅部分を残したいといった希望を満たすことは**ほとんど不可能**です。

にもかかわらず、すべての土地を守ろうとするプランを立てる人が何と多いことか…

土地活用というのは本来、もうけるためにやるものです。**相続税の節税が第一では必ず破綻を来たすことになるということをシッカリと肝に銘じておいて下さい。**

②アバタもエクボ

私の尊敬している評論家に西尾幹二という方がいますが、「人生の価値について」という彼の著書の中に次のような文章があります。

> …ということは人間はつねに幻想に包まれて生き、真実ではなく、おそらく真実よりほんの少し上に自分を位置づけずにはいられない存在なのである。
>
> いいかえれば人間は絶え間なく自分に向かって自分でお世辞を言っている存在なのではないか。他人から褒められたときには当然と思い、貶されたときには不当と思うのがその証拠である。

このように、人間というのは生きる術なのかどうか分かりませんが、自分のことを客観的価値よりも若干高く評価したいという傾向があるようです。

このことは履歴書を見れば分かります。少しでもプラスだと思えば臆面もなく、これでもかこれでもかと披瀝しているケースが多いのです(以前、何人かの知人の履歴書を拝見して、このことに気付きました)。人間とはまったく逞しい生き物です。

ところで、以上は人間自体の評価の話ですが、所有地の場合もだいたい同じような感じです。第三者から見ると、特にこれといった特徴のない土地であっても、本人にとっては「アバタもエクボ」のようです。

もちろん、土地というのは何らかの思い出があるわけですから、それにケチを付けるつもりはまったくありませんが、イザ土地活用となったら話が違ってきます。

入居者にとって、オーナーのそんな思い出は何の関係もありません。

駅から近い とか、 間取りが丁度良い

といった一般的評価しか眼中にありません。

このようなことは本人も分かっているハズなのですが、なかなか吹っ切れないようです。

いずれにしても自己所有地にアパマンを建てる場合には、**自分の土地に対する冷静で客観的な判断基準を持つ必要がある**ということは片時も忘れてはならないと思います。

また、ウレシイことを言ってくれるねえ

優秀な営業マンは、人間のこのような心理をシッカリと心得ておりますので、ほとんどの地主さんは騙されてしまうのです。

上記の本の他の箇所に次のような文章があります。

・・・しかしつねづね自分で自分の身に下している評価よりもほんのちょっと上位のところ、それはじつに微妙な幅だが、納得いくその幅の範囲内で他人から評価されると、ひどくうれしいはずだ。

注意したいものです。

③情報の非対称性

「**情報の非対称性**」という言葉をお聞きになったことはあるでしょうか？　これはある経済学者が提唱した言葉ですが、要するに商品またはサービスの売り手と買い手の情報量に格段の差があるという意味です。

例えば、医者と患者、中古車販売店と顧客、不動産会社と顧客等々、様々な業界において、情報の格差が厳然として存在し、購入する側が不利な立場に置かれることになるということです。

そのため法律で業者側に重要な情報を開示する義務を課しているのですが、それはあくまで最低限の情報です。もし、売り手側として隠しておきたい情報があるとすると、あえてオープンにしない可能性が高いのです。

それでは土地活用の場合はどうなんじゃ？
オーナー側と業者側に「情報の非対称性」はあるんだろうか？

これについては非常に関心が高いテーマだと思いますので具体的に検討してみたいと思います。

例えば、皆様方が賃貸マンションの建設を計画しているとします。とりあえず雑誌に載っていた有名な設計事務所にプランを書いてもらったところ、1ヵ月後に次のような提案がありました。

第 3 章　土地活用の失敗原因と対策

```
間取り×戸数   ……   2LDK×18戸
総予算      ……   3億5,000万円
毎月の手取り収入 ‥  925,000円／月
```

プラン内容も申し分ないし、手取り収入も毎月90万円以上ある。これだけあれば会社を早期退職したって十分やっていける。バカな上司に毎日顔を合わせる必要もないし、万々歳だよーーーん♫

なんて有頂天になる能天気な人は今時いないとしても、この提案にある総予算についてどう思われますか？　金額の妥当性を判断できますか？

　こういった場合、通常は坪当たり建築費とか、1戸当たり建築費で判断するケースが多いのですが、それでも当該物件の建築費が高いか安いかを絶対評価として判断することは非常に難しいと思います。
　そこで、このようなとき大多数の人が考えるのが「あいみつ」です。
　「あいみつ」があれば何となく見当がつきそうな気がします。そこで実際に「あいみつ」を取ったとしましょう。果たして金額の妥当性を判断できるでしょうか？
　当然ながら業者によってプラン内容は違いますし、収支もバラバラです。まったく同じプランで金額だけが違うというのであれば簡単に優劣を判断できるのですが、基準となるものがないわけですから判断のしようがありません。

「あいみつ」を取っても…
プランも収支もバラバラ

そこで面倒くさくなり、
　　あの営業マンはウマが合いそうだから！

　といった程度で決めてしまうか、あるいは優柔不断よろしくズルズルと時が経つのをただ待っているだけというケースが実際上は圧倒的に多いのです。

このように**総予算だけでも金額の妥当性をチェックすることはほとんど不可能**ですし、まして最終的な出来映えとなると事前に評価するのはかなり難しい。

それではどうすれば良いのでしょうか？　建築の専門家に見積書をチェックしてもらうというのも１つの考え方ではありますが、見積書というのは**作る側でどうにでもなる**のです。

例えば、特定の費用項目をチェックして、それが平均より安かったとしても、別の項目を高くしている場合もありますので、**個々の費用項目を詳細にチェックしてもあまり意味を成さない**のです。

> 私も以前、知り合いの建築士にお客様の見積書をチェックしてもらったことがありますが、結局のところ、よく分かりませんでした。

そこで**今は建築費が高いか安いかといった土地活用の本来の目的とは直接関係ないことについてはそれほど重きを置かず、事業自体の妥当性を検討することに主眼を置いています**。

つまり

> 土地自体の価値を客観的に分析した上で、
> プラン内容が土地活用の目的に照らして合理性があるか、
> また実現の可能性は如何ほどか

といった観点から総合判断するようにしているということです。

いずれにしても土地活用においては「**情報の非対称性**」があることは仕方ないという前提に立ち、関係者全員が事業の成功のために一致団結して鋭意努力できるか否かということが最も大切だと思います。

つまり、分かりやすく言えば、相手が言いたくないことを根掘り葉掘り聞くのではなく、もう少し大人の関係に立ち、お互いが切磋琢磨して努力し合える関係を作ることが事業を成功に導く重要なポイントになるということです。

④贅沢病

　最後は贅沢病です。人間というのは悲しいかな、一度贅沢をするとなかなか元の貧しい生活に戻れなくなります。

　若い時はどんなに貧しい生活であってもそれほど苦になりませんが、だんだんと給料も上がってきて贅沢をするようになってきますと、以前の状態に戻ることは想像するだけでイヤになります。

> だからこそ頑張って働き続けることができるのかも知れませんが…

　このように、いったん贅沢しますと元の状態に戻ることはかなり大変なことなのですが、実はアパマン経営者というのは、この大変な状況に追い込まれる可能性が意外と高いのです。

> ビックリするようなことを書いて申し訳ないのですが、事実ですから仕方ありません。

　3ページ以降の「なぜアパマンオーナーは生活がだんだん厳しくなるのか?」をご覧になった方はお分かりだと思いますが、通常の場合、アパマン経営からの手取り収入は時の経過と共にドンドン減っていきます。

　その理由を再度まとめておきますと次の通りです。
　つまり

建物	古くなると家賃を安くせざるを得ないので一般的に収入は減っていく。
	古くなるにつれ修繕費が増えていく。
借入金	返済が進むにつれて必要経費に算入できる支払利息が減っていくので、不動産所得、所得税ともに増えていく。

このようにアパマン経営というのは、時の経過とともに、

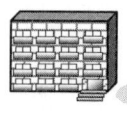

- 収入が減っていく
- 修繕費が増えていく
- 所得税等の税金が増えていく

といった理由により手取り収入は建設当初が最も多くて徐々に減っていくことになるのです。

したがって、もし建設当初において手取り収入をすべて使ってしまうような生活をしていれば、当然ながら徐々に生活に余裕がなくなってきます。そして最終的に売却せざるを得なくなってしまうケースがあるのです。

本来であれば、このような事態になるまでに将来に備えて預金をしておくべきなのでしょうが、悲しいかな これが人間の弱さなのです。

借金の返済が終われば格段に手取り収入が増え、ハッピーエンドになるのですが…

皆様方も十分ご注意下さい。

いかがですか？　何か思い当たることはありましたか？

- 土地への執着心
- 情報の非対称性
- アバタもエクボ
- 贅沢病

とりあえず4つほどの理由を挙げましたが、土地活用を成功裏に終わらせたいとお考えならば、一度はジックリと思い巡らせていただければ幸いです。

第4章

キャッシュフローの改善に取り組もう！

これからは少子高齢化の時代になる。つまりはワシのようなジジイが増えて、子供が減っていくということじゃ。結果、アパマン経営はますます厳しい状況になるが、シッカリと勉強して少しでも収入を増やさんとなあ。

アパマン経営というのは何の工夫もしなければ手取り収入が徐々に減っていく仕組みになっています。
　したがって、あらゆる努力を傾注してキャッシュフローの改善に取り込んでいく必要があるのです。
　ところでキャッシュフローを改善することが大切だと言われても、具体的なやり方が分からなければスタートラインにも立てません。
　そこで、どのようにすれば少しでも手取り収入を増やすことができるのかについて、当社が実際にやっている方法について、できるだけ具体的に解説していくこととします。
　ただし、状況が違えば当然ながら取捨選択する方法は異なります。つまり対策のメニューは同じでも、どの対策を選択するかによって効果が相当違ってくるということです。
　そこで、規模が大きいとか複雑な事案の場合には、こういったことに詳しい税理士とか会計士とよく相談しながら実施するようにして下さい。
　ところで、対策というのは一度実施すればそれで終わりというわけではありません。人生の様々な節目において何度も見直していく必要があるということはよく覚えておいて下さい。

① はじめに

　これまでの章ではアパマン経営の失敗原因を中心としてご説明してきたのですが、

　　　　皆様方のアパマン経営は成功と言えますか？

　もちろんアパマン経営というのはクレーム産業のドンのようなものですから、まったく何の問題もなく　ルンルン気分です　という人は皆無だと思います。
　そうではなくて、資金繰り上の問題です。

　　　　計画を立てたときと比較してまあまあうまく行っていますか？

という質問です。
　おそらく大多数の人は計画した時より収支がかなり悪化しているのではないでしょうか？　政治も経済もボロボロですから、アパマン経営だけが万々歳というわけには行きません。
　ところで何でもそうですが、自分だけが失敗していると思うとハラが立ちます。でも、ご安心下さい。ほとんどのオーナーの方は厳しい状況に置かれています。

みんな厳しいんじゃ

　私のお客様にしても、時が経つに連れてキャッシュフローは徐々に悪化。私ともども全知全能を傾けて取り組んでいるのですが、一部を除いて余裕綽々という状況ではありません。

キャッシュフローはどんどん悪化

81

それでもローンが滞ることもなければ、税金の支払いを待ってくれと頼んだこともありません。どうにかこうにかやっていらっしゃいます。ゴルフ場にも頻繁に行かれているようです。

因みに私はゴルフにあまり興味ありませんが…

　だからといって、このままでは悪化の一途を辿るだけです。高度成長時代のように、いつの間にか状況が改善していたということは絶対にありません。つまり、時が解決してくれないのです。

　したがって、一刻も早く解決策を見つけて取り組んでいく必要があるのですが、

どうやって良いか分からない方のために当事務所でのやり方をまとめておきますのでご参考にして下さい。

② まずは損益計算書の分析からスタートする

①物件ごとの損益・収支計算書を作成する

　何事でもそうですが、より効果を発揮させるためには最初にシッカリと準備をする必要があります。キャッシュフローの改善案を考える場合もまったく同じです。

　よく、企業経営で「どんぶり勘定ではダメ!」と言われますが、アパマン経営であろうとまったく同じです。

　複数の物件を所有している場合には、まず物件ごとの損益・収支をできるだけ詳細に分析するところからスタートする必要があるのです。

　このようなデータがないと、どんなに優秀なコンサルタントでも最適な改善策を見つけることは不可能です。

> 健康診断書がなければ、どんな医者だって適切なアドバイスができないのと同じです。

　ところで、物件ごとの損益・収支計算書を作成する方法には

　　● 毎日の記帳段階から分けて入力する方法　　と、

　　● 過去1年間の帳簿(元帳)、領収書、請求書等
　　　から必要データを拾い出す方法　　の2つの方法がありますが、

経理の担当者がいない限り、⟨前者の方法⟩を採用することは実際上難しいと思います。

　いずれにしても、こういった作業はかなり面倒ですが、物件ごとに選別する作業を通してキャッシュフローを改善するためのヒントが得られる場合もありますので、是非とも頑張ってやって下さい。

ところでイザやろうと思っても何かサンプルがないと重い腰が上がりません。

そこで当社で実際に作成している「損益・収支分析」という帳票を若干アレンジしたものをご紹介することとします。

次の 図表4-1 をご覧下さい。これは物件ごとに損益と収支を一覧表示したものです。

> この合計欄の数値と損益計算書の数値は等しくなります。

図表4-1 損益・収支分析

(単位：千円)

		Aアパート	Bマンション	駐車場	共通	合計
収入金額	賃貸料	4,200	25,400	1,440	0	31,040
	礼金、更新料	150	950	0	0	1,100
	その他	0	100	0	0	100
	合　計	4,350	26,450	1,440	0	32,240
経常経費	租税公課(固定資産税等)	410	1,780	580	0	2,770
	損害保険料	70	160	0	0	230
	修繕費	1,800	840	0	0	2,640
	支払リース料	200	420	0	120	740
	支払管理費	210	1,270	72	0	1,552
	清掃衛生費	40	130	0	0	170
	水道光熱費	65	250	0	70	385
	その他	120	750	5	1,210	2,085
	合　計 (対収入割合)	2,915 (67.0%)	5,600 (21.2%)	657 (45.6%)	1,400 (－)	10,572 (32.8%)
差引：純収益		1,435	20,850	783	－1,400	21,668
特定経費	借入金利子	75	6,250	0	0	6,325
	減価償却費	130	4,285	0	0	4,415
	合　計	205	10,535	0	0	10,740
差引：不動産所得		1,230	10,315	783	－1,400	10,928
減価償却費(＋)		130	4,285	0	0	4,415
借入金元金返済額(－)		150	5,348	0	0	5,498
差引：資金収支		1,210	9,252	783	－1,400	9,845
借入金返済割合		5.2%	43.8%	0.0%	－	36.7%

↳ 借入金返済額(借入金利子＋借入金元金返済額)の対収入割合のことです。

この帳票に記載している数値は仮定上のものですが、あまりこういった分析をしたことがないと思いますので、できるだけ詳しく説明しておきます。

最初は、「共通」という欄について。

少し考えれば分かるのですが、経費の中には物件ごとに分けられないものもあります。例えば、**交際費とか事務用品費、事務所関係費、会計事務所の顧問料といった経費**です。

これらは物件ごとに分けようがありませんので、この表にあるような「共通」の欄を設けてそこに記入するのです。

分けられないから、ココへ
共通

なお、一般の企業の場合には予算管理の関係から、共通経費の額を再度各部門に按分するということをしますが、今回は改善点を見付けることだけが目的ですから、特に按分する必要はありません。

次は「経常経費」という区分名について。

この言葉は国とか地方公共団体が使用している財政用語ですが、便利なので使用することにしました。要するにアパマン経営において通常発生する経費という意味で使っています。

私が各種の帳票で使用しているだけであり、一般的なものではありません。

これに対して「特定経費」という区分名が帳票の下欄にありますが、これも私が勝手に名付けたものです。具体的には図表にありますように、借入金利子と減価償却費から構成されています。

いずれにしても、単に経費を羅列したのでは経営分析に有効なデータを作成することができないので、このように「経常経費」と「特定経費」に区分したというわけです。

| 経常経費 | → | アパマン経営において通常発生する経費
（特定経費以外の経費） |

| 特定経費 | → | 借入金利子、減価償却費の2つ |

2つだけ！

借金しないと発生しない経費なので、全額を自己資金で建てた場合と比較する必要上、別区分とする。

お金の支払いがないという理由で別区分とする。

ところで経常経費の合計の所に「対収入割合」という欄があるが・・・。

これは要するに**収入金額に対する経常経費の割合**です。

このサンプルではAアパート 67.0%、Bマンション 21.2%、駐車場 45.6%となっています。これらの数値は多いのでしょうか、それとも少ないのでしょうか？

その基準が分からなければ割合を出しても意味がありません。

不動産投資の専門書には一般的に 20～30％程度が多いと書かれていますが、これについては慎重に検討する必要があります。

因みに当社のお客様の実例を3件ほどご紹介しておきますと次のようになっています。いずれも比較的新しい賃貸マンションの対収入割合です。

＜当社のお客様の対収入割合‥平成 19 年度＞

	年間家賃収入	対収入割合
X氏のマンション	約 7,000 万円	20.0%
Y氏のマンション	約 7,500 万円	13.7%
Z氏のマンション	約 1 億円	16.4%

いかがですか？　比較的少ないと感じられたのではないでしょうか？　その通りです。実際少ないと思います。ところが大規模修繕をしますと、この比率は一挙に膨らんでしまいます。

大規模修繕をすると・・・　　経常経費　一気に膨らむ

　上記X氏の所有する最も規模の大きいこのマンションについて昨年度(平成20年度)、大規模修繕を実施したのですが、その時の費用は約1,500万円でした。

　ほとんどが修繕費として一時に経費に算入できるものだったので、修繕を実施した20年度で計算しますと41.4％と一気に跳ね上がります。

　ただし、このような大規模修繕費は12～13年に一度しか発生しませんので、こういった特殊な年度については除外して判断すべきです。

　なお、ここでは紹介しませんでしたが、

ボロボロのアパマンを競売等で安く取得し、取得後に大規模修繕する　とか、　第三者である従業員を何人も抱えている

ようなケースでは当然ながら、この割合は高くなります。
　こういった特殊事情についてはご本人も分かっているでしょうから、それらを織り込んで判断する必要があります。

　いずれにしても**対収入割合が特殊な事情もなく、常に20％を大幅に超えているようであれば、何らかの対策を考える必要がある**でしょう。
　例えば、自分で管理すれば管理料はかかりませんし、日曜大工よろしくご自分で修繕すれば修繕費を大幅に減らすことができます。

実際、当社のお客様の中にも、ご自分で修繕している方がいらっしゃいます。

サラリーマンがいつの間にかリフォーム業者になった感じ

アパマン経営の目的とか実行可能性、現在の収支状況、好きか嫌いかといった様々な点を考慮して判断するようにして下さい。

それではサンプルの事例を見てみましょう。Aアパートは 67.0％にもなっていますが、この大きな原因は 180 万円もかかっている修繕費です。家賃収入の実に 41％です。

一方、Bマンションの場合は 21.2％ですから、まあまあといったところでしょうか？

また駐車場については土地の固定資産税の軽減措置がありませんので、収入に比較して固定資産税の割合が高くなっています。

それでは次に 図表4－1 の最下欄にある「借入金返済割合」をご覧下さい。

この借入金返済割合とは、**借入金返済額(元利合計)の対収入割合**のことです。

これについて、まずAアパートの欄を見ますと 5.2％となっています。Aアパートというのはかなり年季が入っている建物を想定しておりますので、借入金があまり残っていません。したがって、このように低い割合になっているのです。

私と同じくらいの年季！？

一方、Bマンションの返済割合は 43.8％となっています。これは通常の場合と比較して高いのでしょうか、それとも低いのでしょうか？

これについても実例があったほうが分かりやすいと思いますので、上記でご紹介した同じお客様の事例をご紹介しておきます。

ただし、この借入金返済割合については各人が所有している物件の合計で計算しました。個別の物件で判断することも大切なのですが、どちらかと言えば、お客さまごとのトータルで判断したほうがより適切だからです。

〈当社のお客様の借入金返済割合‥平成19年度〉

	全物件の年間家賃収入	借入金返済割合
X氏	約9,800万円	36.9%
Y氏	約1億4,500万円	40.9%
Z氏	約1億7,200万円	32.5%

　Z氏の場合が一番低いのですが、その理由はZ氏の所有するマンションはいずれも都心にあり、坪当たり家賃が比較的高いからです。

　それでは、どの程度の割合であれば特に問題なく安定経営できるのでしょうか？

　これについては一概に言えないのです。その理由は、アパマン経営からの収入期待度がお客様によってかなり異なるからです。

　例えば、アパマン経営が本業で他に収入がまったくない人とか、家族が多くて生活費がかなりかかるような人、あるいは贅沢な人の場合は当然ながら返済割合が高いと経営は安定しません。

　このような人はアパマンからの収入をほとんど使ってしまい、お金を残す余裕がないからです。また物件が古くなり修繕費がかさんでくる場合も要注意です。

　そういう意味で、前述した**経常経費の対収入割合をセットで見ることも必要です。借入金返済割合はそれほど高くないけれども経常経費が異常に高いのであれば、やはり経営は安定しません。**

　上記とは逆に、本業の収入、例えば、給与収入が多くて、アパマンの借入金についてはできるだけ早く返済しようとしている場合は当然ながら返済割合が高くなりますが、資金繰り上は特に問題ないわけです。

　このように個別事情によって必要な返済割合の上限は異なるのですが、

　あまりにもこの割合が高いとチョットしたマイナス要因で資金繰りがおかしくなる可能性がありますので、できれば40％を上限に考えたほうが良いでしょう。

なお、この返済割合は借入金の返済条件によって大幅に異なってきます。当然ながら金利が低く、返済期間が長いほうが割合は低くなります。
　したがって、ご自身の返済割合を計算して 40%を大幅に超えているようであれば、返済期間を長くするといった対応が必要になるかも知れません（ただし、あくまですべての物件を合算して計算して下さい）。

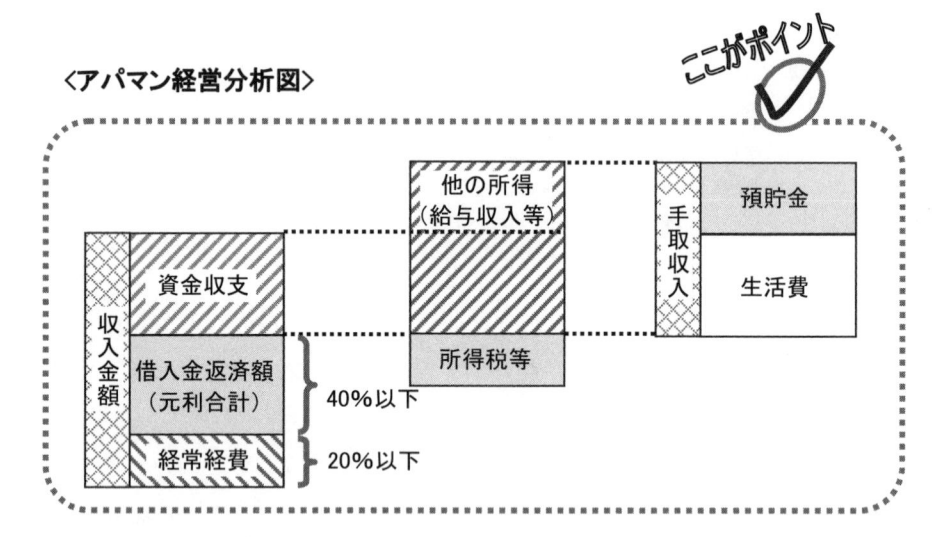

＜アパマン経営分析図＞

ここがポイント ✓

収入金額	資金収支		他の所得（給与収入等）		手取収入	預貯金
借入金返済額（元利合計）	40%以下		生活費
経常経費	20%以下	所得税等		

　逆に、返済割合がかなり低いケースで、かつ、手取り収入に余裕があるのであれば**繰上げ返済**を考えられたらいかがでしょうか？　そのほうが支払利息の節約になります。
　以上、ご説明しましたように、こういった分析表を作成するだけでイロイロと考えるヒントが得られるのです。是非一度チャレンジして下さい。
　ところで、この損益・収支計算書はできればエクセルで作成されることをお勧めします。

当社の場合もそうですが、エクセルファイルはメールでやり取りするのに便利だからです。

②物件ごとの利回り比較表を作成する

損益・収支計算書が完成したら、次は物件ごとの利回り比較表を作成します。この比較表は**各物件の投資効率を判定するために必要**となります。

損益・収支計算書というのは物件ごとに損益とか収支の絶対額を計算・表示するものですが、これだけでは投資効率が良いかどうかが分かりません。

例えば、AとBの2つの物件があり、資金収支が両方とも100万円だったとします。この場合、Aの土地の時価がBの土地の時価の2倍だったとしたら、どちらのほうの投資効率が良いでしょうか？

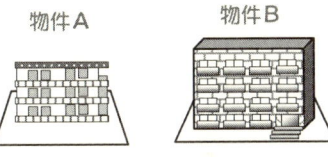

物件A　　物件B

Aの土地　＝　Bの時価の2倍

これは言うまでもなくBの土地のほうが良いわけです。このように**複数の不動産を所有している場合には、それぞれの投資効率を比較するために土地と建物の時価に対する利回りを計算する必要がある**のです。

次の図表4－2をご覧下さい。これは物件ごとの利回りを一覧表示したものです。

図表4－2　**利回り分析**　　　　　　　　　　　　　　（単位：千円、％）

		Aアパート	Bマンション	駐車場
純収益	……（イ）	1,435	20,850	783
資金収支	……（ロ）	1,210	9,252	783
相続税評価額（※）	土　地 建　物	82,410 1,120	147,250 105,820	76,750 ―
	合　計…（ハ）	83,530	253,070	76,750
実質利回り	……（イ）／（ハ）	1.72%	8.24%	1.02%
純利回り	……（ロ）／（ハ）	1.45%	3.66%	1.02%

（※）本来は取引時価が正しいのですが、客観的な時価を算定するのが難しいので、通常は相続税評価額で計算します。

以下、この図表の作り方と読み方について簡単に解説しておきます。

まず純収益と資金収支の額ですが、これらは 図表 4−1 （84 ページ）から転記します。

次に土地と建物の相続税評価額ですが、これらは別途計算して記入することになります。

そして、これらのデータが揃いますと、次はいよいよ実質利回りと純利回りの計算に移ります。

実質利回りというのは純収益を相続税評価額で割った値であり、**純利回り**というのは資金収支の額を相続税評価額で割った値です。

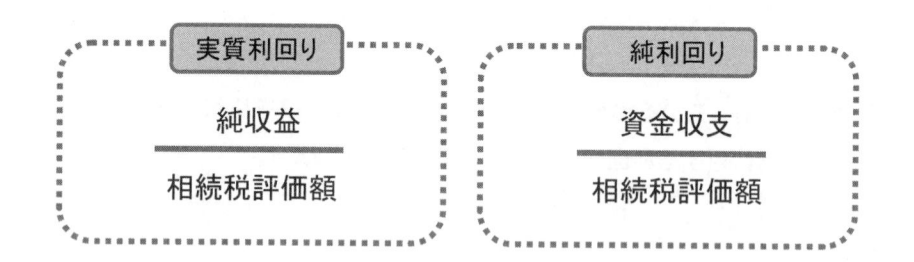

$$実質利回り = \frac{純収益}{相続税評価額}$$

$$純利回り = \frac{資金収支}{相続税評価額}$$

このうち純収益は既にご説明した通り、収入金額から経常経費を差し引いた額であり、資金収支は純収益の額から更に借入金の返済額（元利合計）を差し引いた額です。

つまり借入金の返済をする前の利回りと、返済後の利回りの両方を計算しようというわけです。

それではサンプルのケースを見てみましょう。いずれの利回りもＢマンションが一番高くなっています。要するに土地の有効活用になっているということです。

それに比較してＡアパートの場合は広い土地にチッポケなアパートを建てたという前提にしておりますので、このように利回りが低くなっているのです。

また駐車場の場合には平面だけの利用ですから、通常は利回りが低くなるケースが多いのです。

いずれにしても、**いくつかの物件を所有している場合には、このような利回り分析は必ずすべき**です。金額だけでは効率性は絶対に分からないからです。

なお、すべての物件の利回りが標準的な利回り（比較的有効活用されている場合の利回り）より低い場合はどうすれば良いのでしょうか？

例えば、先ほどのBマンションがAアパートと同じような利用状態だったとしたら、3つの物件とも利回りが低いので、有効活用されていないということに気付かないのではないかということです。

この点については、やはり第三者に判断してもらうしかないと思います。顧問の会計事務所があるのであればそういった方と検討すれば良いわけですし、ないのであれば探すしかないと思います。

なお、会計事務所の中にはアパマン経営にそれほど詳しくないところもあります。ここでいうアパマン経営というのはアパマンに関する税務ではなく**経営それ自体**のことです。

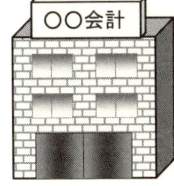

もし、アパマン経営にあまり詳しくない会計事務所に判断を仰ぎますと、ますますワケが分からなくなってしまいますので十分ご注意下さい。

いずれにしても、<u>効率の悪い不動産を遊ばせておけるほど世の中、甘くなっている</u>ということだけは口を酸っぱくして言っておきます。

甘くないですよ！

③ 相続税がかかる場合はチト難しい

　ところで、以上はキャッシュフローだけを念頭に、改善のためのポイントについてご説明してきたのですが、相続税がかかるような場合は、もっと複雑になります。

　ご承知のように、**相続税がかかる場合には、節税、納税、遺産分割の3点について、すべて問題なくクリアする必要があります。**

　たとえ相続税がかからなくても近々相続が発生しそうな場合には少なくとも遺産分割については慎重に対応しなければなりません。

　このように相続が絡んできますと、かなり厄介です。

> 一筋縄ではいきません。

　例えば、土地の有効活用のためにアパマンを建てるケースを考えてみましょう。アパマンを建てれば相続税の節税になります。そして、プランを間違えなければ通常はキャッシュフローもプラスになります。

　ところが、ここが大切なのですが、<u>立派な建物を建てれば建てるほど相続税の節税になる一方、収支はそれに反比例して悪化する</u>のです。

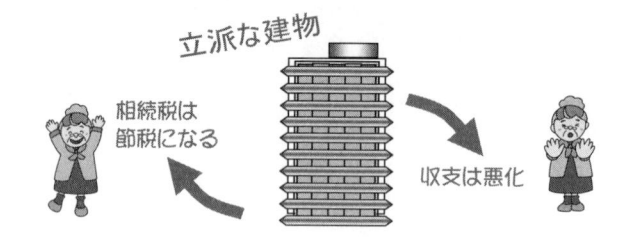

立派な建物
相続税は節税になる
収支は悪化

　一般の人は立派な建物を建てれば入居率がアップしてキャッシュフロー上もプラスに働くだろうと考えるのですが、これはまったくの誤解です。

もちろん、立派な建物で家賃も安いのであれば入居率は良くなるでしょう。ところが通常は借金を抱えていますので、それほど安く貸せません。
　またオーナー側も立派な建物を提供しているのだから、入居者にそれなりの家賃を負担させてもバチは当たらないハズだと考える傾向が強いのです。
　これこそまさしく供給側の論理です。政治家とか官僚が立派なハコモノをボコボコ建てては経営に行き詰まり、二束三文でどこかに売却するケースが圧倒的に多いのですが、一般の人が同じ轍を踏んではならないのです。
　政治家とか官僚は失敗しても税金で穴埋めするので痛くも痒くもないのですが、われわれ民間人は自己責任ですから、失敗が許されません。

　このようにアパマンを建てるという節税策1つ取り上げても、節税額、納税額、収支のすべてが影響を受けるのです。

　また**最近では建物の消費税につき還付請求することがブームになっています**が、これについても**誰が建てるかによってまったく異なった結果になります**。
　例えば、相続税の節税のためには土地を所有している父親が建てる必要があるにもかかわらず、消費税の還付額を多くするためには別の人が建てる必要があるということはよくあることです。
　このように**相続が絡んでくると、検討しなければならない変動要因が圧倒的に多くなるので、二次方程式程度では解を見付けられない**のです。

　そこで私などは専用のシミュレーションソフトを開発して少しでも納税者の方に有利になるような仕組みを見付けようと努力してはいるのですが、まだまだ満足できる状態ではありません。その都度、試行錯誤しながらやっております。

　いずれにしても一般の方がご自分で正解を見つけ出すことはかなり難しいと思います。したがって、相続税がそれなりにかかるような場合には、ご自分で解決しようとはせず、ある程度のコストはかかりますが会計専門家にプランを考えていただいたほうが良いと思います。

④ どのような時点で実行したら良いか?

①最適な節税対策は時々刻々変化する

　次に、**一旦構築した節税の仕組みについては必要に応じて見直していく必要がある**ということをお話したいと思います。

　ご承知のように比較的短期間に相続税の節税効果を最大限に享受するためには土地を所有している人（通常の場合は被相続人予定者ですが）の名義でアパマンを建てる必要があります。

　ところで、その後しばらくして実際に相続が発生した場合、相続人の誰かがその不動産を相続するわけですが、相続人が子供の場合は一般的にまだまだ若いわけですから次の相続までかなりの猶予があります。

　つまり相続のことはしばらく考える必要がないというわけです。もちろん人間というのはいつ亡くなるか分かりませんので生命保険に加入する等、ある程度の対策は実行しておく必要はあります。

　このように**何らかの対策を実施して一応それが達成された場合には次の課題に重点を移していくべき**なのです。

　上記のケースでは将来の相続税よりも、毎年払っている所得税とか住民税の節税に取り組んでいく必要があるということです。

> 相続税よりも、所得税や住民税の心配を！

　まして不動産所得というのは何度もご説明している通り、時間が経つに連れて徐々に増えていきますので、できるだけ早く節税の仕組みを見直していく必要があるのです。

②節税の仕組みを変えたほうが良いと思われる時期

　以下、節税の仕組みを変えたほうが良いと思われる時期について、一般論ではありますがいくつか例を挙げておきますので、ご参考にして下さい。

〈節税の仕組みを変えたほうが良いと思われる時期の例〉

1. 相続が発生した時

2. 不動産所得が大幅に増減した時
   - 借入金の返済が終了した時
   - 大規模修繕をした時
   - 不動産を売却した時
   - 不動産を購入した時
   - 重要テナントの解約があった時
   - 建て替えた時
   - 建物が古くなった時　　etc.

3. 不動産所得以外の所得(本人、家族)が大幅に増減した時
   - 本人が退職した時
   - リストラされた時
   - 子供が就職した時
   - 事業を開始(廃止)した時
   - 子供が事業を継いだ時　　etc.

   人生の節目、節目に…

4. 家族の増減があった時
   - 本人が結婚(離婚)した時
   - 子供が結婚(離婚)した時
   - 子供が大きくなった時
   - 孫が生まれた時　　etc.

第5章

お金のかかる節税、かからない節税

節税には「お金のかかる節税」と「お金のかからない節税」があるそうじゃ。
税金を払いたくないためにお金をジャブジャブ使って節税しようとすると、逆に自分の首を絞めることにもなるので気を付けんといかん。

この章では「お金のかかる節税、かからない節税」というチョット変わったタイトルを付けましたが、様々な節税方法について詳しく解説しております。
　それほど突飛な節税方法ではありませんが、当社ではこれらの対策を縦横無尽に駆使して、お客様の収支の改善に活用しておりますので、比較的分かりやすくまとめられたのではないかと思います。
　ところで"節税"というと税務否認を受けるのではないかと心配になると思いますが、物事の本質を理解して取り組めば、そうそう心配することもありません。
　一般的な節税の本を読みますと、単に羅列しているものが多く、また表面的なことしか書かれておりません。
　ところが、この本でご紹介している各種の節税方法は私がすべて実際に実行してきたものばかりです。したがって、実務的に関連する情報もできるだけ詳しく書きました。
　また、「税務否認を受けないための重要ポイント」では、各種の節税方法について税務署がどのように捉えているかについて触れております。是非、モノにして下さい。

① はじめに

　これから以降は「節税」についてお話します。納税は国民の義務ですが、「節税」をすることは事業経営者としての当然の権利であり、かつ義務でもあるのです。

　「節税」ということに対して否定的な考えを持っている方がたまにいらっしゃいますが、まったく節税をしないということは事業経営をまじめに考えていないことの証明です。

　少しでも節税して、その資金を新規事業に充当するとか、あるいは社員の福利厚生に使うことは経営者として当然の責務でもあります。

　アパマン経営者も当然ながら事業経営者ですから、皆様方がアパマン経営者である場合には、して、節税により得られた資金をリフォーム等に充当する必要があるのです。

　なお、「節税」と「脱税」はまったく異なります。**「節税」は法律で認められているもの、あるいはグレーゾーンにあるもので、脱税の意思がそもそも存在しないもの**です。

　ところが、**「脱税」は法律違反だということを本人が自覚しているもの**です。例えば、家賃の入金があったにもかかわらず申告から除外するといった行為を指します。

　上述しましたように納税は国民の義務です。いくら政府とか役人が無駄金を使っていたとしても、それとこれとはまったく別物です。このことをシッカリと肝に銘じておかなければなりません。

② 「お金のかかる節税」と「お金のかからない節税」

　このように節税をすることは事業経営者として当然の権利であり、かつ義務でもあるわけですが、節税を考えるに当たって気を付けていただきたいことがあります。

　実は最近、当事務所のお客様から、

最近、資金繰りがかなり厳しくなってきたんだが、何か節税できる方法ってありますか？

と質問されたのです。

　このお客様は私の提案により不動産所有会社を設立したり、奥様を青色専従者にしたりと考えられる限りの節税対策を既に実行されております。それにもかかわらず、もっと節税したいと言われるのです。

　節税のアドバイスをすることは我々の仕事ですから、できるだけ積極的にご提案したいとは思いますが、節税を考えるに当たって是非シッカリ理解していただきたいことがあります。

　それは　　　　節税をすることによって逆に資金繰りが悪化するケースがある　　ということです。

　例えば、「小規模企業共済制度に加入する。」という節税方法がありますが、これは要するに自営業者に対する国の退職金制度と言うことができます。

　この制度に加入しますと満期のときに退職金が支払われるわけですが、掛け金は課税所得から控除できますので所得税の節税になります。

つまり所得税の節税を図りながら退職金の準備ができるというメリットの大きい制度です。

第5章 お金のかかる節税、かからない節税

　掛け金は月額1,000円から7万円まで任意に選択できます。より多く加入しますと当然ながら、それだけ課税所得が減るというわけです。
　このお客様の場合、奥さんとお子さん(就職せず、身内の不動産管理会社の役員になっている)がそれぞれ最高限度額である月額7万円を掛けておりますので、

年間の掛け金総額は　84万円　×　2人　＝　168万円　となります。

　　※ご主人は現在サラリーマンなので加入できません。

　つまり毎年168万円の掛け金を支払い続ければ将来かなりの退職金をもらえるわけですが、現時点では168万円だけ生活資金が少なくなるのです。
　もちろん所得税の節税にはなりますが、100％減額されるわけではありません。

例えば、

所得税等の適用税率を20％とした場合、減額されるのは33.6万円(168万円×20％)だけです。

　したがって、実質134.4万円(168万円－33.6万円)ほど生活資金が少なくなってしまうのです。
　節税して資金繰りを楽にしようとしたことが、かえって生活を苦しくしてしまうことになるというわけなのです。いくら税金を払うのがイヤだとしても、生活できなくなったのでは本末転倒ですし、

キューキューでは人生楽しくありません。

　このように節税には落とし穴があるということをシッカリと認識していただきたいのです。

そこで以下、代表的な節税方法について「お金のかかる節税」と「お金のかからない節税」に分け、資金繰りという観点から具体的な内容について書いておきますので、ご参考にして下さい。

お金のかかる節税	お金のかからない節税
①少額資産の必要経費算入	①青色申告特別控除
②小規模企業共済制度	②青色事業専従者給与
③国民年金基金	③白色事業専従者控除
④地震保険の加入	④家族に対する給与の支払
⑤不動産管理会社と不動産所有会社	⑤純損失の繰越し
⑥個人間でのアパマンの贈与・売買	⑥純損失の繰戻し
⑦マイカー(自動車)の購入	⑦資産損失の必要経費算入
⑧短期前払費用	⑧未払金等の計上

❸ お金のかかる節税

まずは「お金のかかる節税」からご説明いたします。

①少額資産の必要経費算入

最初は「**少額資産の必要経費算入**」について。次の 図表 5-1 をご覧下さい。これは「少額資産の必要経費算入」に関するものを一覧表示したものです。以下、順番にご説明いたします。

図表 5-1　**少額資産の必要経費算入**

区　分	会計処理方法
10 万円未満／1 単位	一括経費算入 ※個人は強制、法人は任意。
20 万円未満／1 単位	3年間で1/3ずつ経費算入 ※個人は 10 万円以上、20 万円未満のものが対象。
30 万円未満／1 単位	300万円まで一括経費算入 ※個人は 10 万円以上、30 万円未満のものが対象。 また、青色申告者のみ適用可能。

（注）1. 金額の判定は採用している経理処理方式により異なる。
　　・税込み経理方式 → 税込み金額で判定（免税事業者は常に税込み方式となる）
　　・税抜き経理方式 → 税抜き金額で判定

　　2. 共有で取得した場合には共有持分を掛けた額で1単位当たりの取得価額を判断する。

> まず1単位当たり **10** 万円未満の欄をご覧下さい。

　右側の会計処理方法を見ますと、「**一括経費算入**」となっています。つまり、**取得時点で一時に経費に算入できる**ということです。
　ところで、個人については「強制」、法人については「任意」ということになっておりますが、税務上、このように個人と法人で異なった取扱いになっているということはよくあります。
　個人の場合には超過累進課税方式を採用しておりますので、いつの年度の経費として処理するかによって税額がかなり違ってきます。したがって、個人の場合には選択の余地がない「強制」ということが意外と多いのです。

> 次は1単位当たり **20** 万円未満のケースです。

　「3年間で1/3ずつ経費算入」となっています。**この場合、期の途中で取得した場合であっても単純に1年目から1/3を経費に算入します。**
　1単位当たり20万円未満という、それほど重要でないものの会計処理について厳格な処理を要求したのでは本末転倒になってしまうからです。
　なお、個人の場合、上記の1単位当たり10万円未満のものが強制適用になっている関係上、この「3年間で1/3ずつ経費算入」という会計処理が適用できるのは、1単位当たり10万円以上、20万円未満のものだけということになります。

> そして最後が1単位当たり **30** 万円未満のケース。

　右側を見ますと「**300万円まで一括経費算入**」となっていますが、要するに**1年間の合計額が300万円までは一括で損金に算入できる**ということです。

ただし、個人の場合は1単位当たり10万円以上、30万円未満のものだけが対象となります。また、個人、法人とも青色申告者のみが対象です。**白色申告者は適用できませんので、ご注意下さい。**

なお、(注1)に書いておりますように、金額の判定は採用している経理処理方式によって異なります。

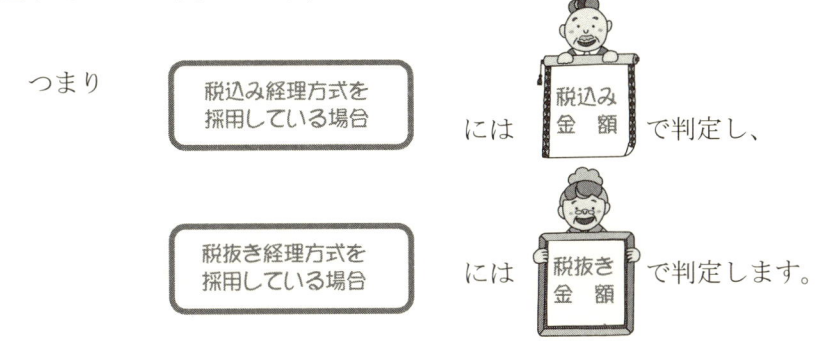

つまり　　[税込み経理方式を採用している場合]　には　[税込み金額]　で判定し、

[税抜き経理方式を採用している場合]　には　[税抜き金額]　で判定します。

なお、**免税事業者の場合はもともと税込み経理方式しか採用できません。**

また、(注2)に書いておりますように、共有で取得した場合には共有持分を掛けた額で1単位当たりの取得価額を判断することになっています。

以上、ご説明しましたように、「少額資産」と言いながら、かなりの額を必要経費に算入できます。したがって、積極的に活用していただきたいのですが、この特例は「お金のかかる節税」の範疇になります。

つまり実際にお金を支出する必要があるということですから、むやみやたらとお金を使うことがないよう、計画的にやっていく必要があります。

②小規模企業共済制度

次は「**小規模企業共済制度**」です。「小規模企業共済制度」とは、個人事業主の方や会社経営者の方が事業を廃止したり役員を退職した場合などに、その後の生活に必要な資金をあらかじめ準備しておくための国の共済制度で、いわば「経営者の退職金制度」ということができます。

以下、この制度の内容について解説しておきます。

〈加入資格〉

①	家族以外の従業員数が5人以下(不動産賃貸業の場合)の個人事業主または会社経営者。
②	不動産賃貸業の場合、所有する不動産が5棟10室以上(事業的規模)。なお、白色申告であってもOK。 ※副業としてアパート経営を行なうサラリーマンの場合は、たとえ事業的規模の不動産を所有していても加入できない(サラリーマンの方には一般の退職金制度があるという理由から)。

まずは加入資格から。

5棟10室以上であれば白色申告者でも加入できます。ただし、副業としてアパート経営を行なうサラリーマンの場合は、たとえ事業的規模の不動産を所有していても加入できません。

この制度はあくまで一般の企業に勤務していない独立経営者を対象としているからです。なお、独立経営者であれば個人事業であろうと、会社形態であろうと、いずれでも OK です。

〈毎月の掛け金〉

月額掛け金は1,000円から70,000円(500円単位)の範囲内で任意に設定可能。途中で変更することもできる(ただし、減額には一定の要件が必要)。
なお、掛け金は全額が「小規模企業共済等掛金控除」として、課税所得金額から控除される。

次は毎月の掛け金です。

1,000円から70,000円(500円単位)の範囲内で任意に設定できます。そして掛け金は全額が小規模企業共済等掛金控除として課税所得金額から控除さ

れますので、掛け金を多くすればするほど課税所得金額はそれだけ少なくなります。

ただし、掛け金は実際に支払う必要がありますので、フトコロと相談の上、無理をしない範囲内に抑えるべきでしょう。

〈共済金の受取り方法〉

①一括受取り （全額を一括して 受け取る方法）	税法上、退職所得扱いとなる。退職金というのは他の所得とは異なり税金がかなり安くなっている（退職金の額から退職所得控除の額が差し引かれ、更にその額の半分が課税所得となる）。 なお、死亡を原因として受け取る共済金は死亡退職金として法定相続人1人当たり500万円が相続税の課税対象から除外される。
②分割受取り （10年間または15年間で 分割して受け取る方法）	税法上、公的年金等と同じく雑所得扱いとなる。ただし、この分割受取りの場合には満60歳以上である等、一定の条件を満たす必要がある。

次は共済金の受取り方法です。

個人事業を止めた場合とか会社を解散した場合等、一定の共済事由が生じた場合には所定の共済金を受け取れますが、その受取り方法には大きく分けて2つの方法があります。

1つは**全額を一括して受け取る方法**であり、もう1つは**分割して受け取る方法**です。

そして受取り方法によって税金の計算方法が異なりますが、いずれの場合も通常の給与所得等よりは優遇されております。

なお、加入の申込みは全国の金融機関、商工会議所、青色申告会等で取り扱っています。

③国民年金基金

> 次は「国民年金基金」です。

　これは通常の国民年金に上乗せして加入するものです。この掛け金も社会保険料控除として課税所得から控除されます。

　なお、加入限度額は月額 68,000 円ですから、年額では 816,000 円となります。加入資格は 20 歳以上 59 歳以下となっておりますので、ご注意下さい。

　ところで、10 年ほど前、税務署主催の確定申告無料相談会において、お年寄りのおばあさん(寡婦)の確定申告をお手伝いしたことがあります。

> 無料相談会では次から次へと引っ切りなしにお客さんが相談に見えるため、通常はあまり記憶に残らないのですが、そのおばあさんのことだけは今だに鮮明に記憶しております。

　ところで、このおばあさんは国民年金に加入されていなかったのです。収入といえば、4室ほどの貸店舗の家賃(4 万円×4)だけです。なぜ国民年金に加入されなかったのかお伺いしたところ、その当時は掛け金なんて払う余裕がなかったとのことでした。

　最近こそ、国民年金に加入していない人が増えているようですが、実際に年金を受給していない人がいるとは、その当時想像もしませんでした。

> このおばあさんの場合、若干ではありますが家賃収入があるため、どうにか生活ができているのですが、もし貸店舗がなければどうするのだろうと考え込んでしまいます。

　ところで、以上は通常の国民年金の話ですが、**国民年金の場合、1人当たり月額 6.5 万円程度しかもらえません**ので、できれば国民年金基金にも加入すべきでしょう。

　民間の個人年金の場合は多くが確定年金(有期)ですが、公的年金は原則として終身年金です。最近、「年金、年金」と、マスコミは大騒ぎですが、この公的年金は高度成長時代にできたものです。

その当時は人口もかなり増えておりましたし、経済は絶好調でしたから掛け金は増える一方。加えて、年金をもらう側は退職後数年でポックリあの世行きでしたから、今でいう「埋蔵金」は貯まる一方。

ところが今はすべてが逆転。人口は減る一方だし、経済は最悪。団塊世代が一斉に退職したので収支は真っ赤っ赤(まっかっか)。政治家はどうやってごまかそうか躍起です。

いずれにしても人間というのはいつまで生きるか分かりませんので、「生き続けるリスク」も考慮する必要があります。公的年金、この先どうなるか分かりませんが、加入していてソンすることは多分ないと思います。

なおインターネットで「国民年金基金」と入力して検索すれば詳細な解説が見られますので、是非一度確認してみて下さい。

④地震保険の加入

アパマン経営をする場合には当然ながら火災保険には加入しますが、**地震保険にも是非加入していただきたい**と思います。

ご承知だと思いますが、通常の火災保険では

> 1. 地震などによる火災(その延焼・拡大損害)によって生じた損害
> 2. 火災(発生原因のいかんを問わない)が地震等によって延焼・拡大したことにより生じた損害

は、いずれも保障の対象となりません。

したがって、もし地震が起きればすべて アウチです。借金だけが残るというわけです。

地震が起きる可能性というのはそれほど高くはありませんが、日本が地震大国であることは事実です。「備えあれば憂いなし」。ある程度のコストはかかりますが、**アパマン経営にとっては必要経費だと考えるべき**です。

　なお、ご注意いただきたいのは**地震保険の契約金額は時価の半額が限度となるため、保険金だけで同じような建物を再築することは不可能**です。

　したがって、地震のリスクに備えるためには、地震保険に加入するだけでなく、アパマンの耐震性能を高めることも重要です。

　ところで地震保険に加入できるのはマイホームとかアパマンといった居住用の物件に限定されています。

　貸ビルとか貸店舗等の場合には加入できないことになっていますので、ご注意下さい。巨大なビルまで対象としていたら地震保険制度自体が維持できなくなる可能性があるからだと思われます(注)。

> 地震保険は万一のときに保険が確実に支払われるよう、政府のバックアップにより運営されています。ただし、損害が膨大で制度自体が破綻を来たすことがないよう、1回の地震で支払われる保険金総額には限度が設けられています。現在は5兆5,000億円ですが、常に見直されています。

　ところで、地震保険の加入限度額は建物の時価の 50％までですが、この額が5,000万円を超える場合には5,000万円が限度だという人がいます。しかし、これは**間違い**です。

　あくまで 1 所帯当たりでカウントします。したがって、**10 所帯のアパマンであれば5,000万円×10室と、建物の時価の 50％とのいずれか少ない額が限度だ**ということになります。

> 代理店の人でもこの事を知らない人のほうが多いのです。どうなっているのでしょうか？　知らない(あるいは知っていても言わない)理由をあれこれ調べたり考えてみたのですが、結局分かりませんでした。

⑤ 不動産管理会社と不動産所有会社

(1) 不動産管理会社と不動産所有会社の主な相違点

　次は不動産管理会社と不動産所有会社についてお話します。不動産管理会社というのはかなり一般化しておりますので皆様方もよくご存じだと思いますが、不動産所有会社についてはまだまだポピュラーになっているとは言えません。

　ところで不動産所有会社というのは文字通り不動産を所有する会社のことですが、実際上は次のようにいくつかのパターンに分かれます。

〈不動産所有会社の活用パターン〉

> 1. 個人が所有している中古のアパマンを新規に設立した同族法人に売却するケース
> 2. 新規に設立した同族法人が個人から土地を借りてアパマンを建てるケース
> 3. 新規に設立した同族法人が第三者からアパマンを購入するケース

　このように不動産所有会社といってもいくつかのパターンに分かれているのですが、ここでは既にアパート等を所有している方の税金をいかに安くするかの説明を中心としています。

　そこで、「1. 個人が所有している中古のアパマンを新規に設立した同族法人に売却するケース」のみに焦点を絞ってご説明いたします。

> いずれにしても不動産管理会社と比較する形で説明したほうが分かりやすいと思いますので、両者の比較表を作成してみました。次の表をご覧下さい。

〈主な相違点〉

		不動産**管理**会社	不動産**所有**会社
土地所有者個人と法人との取引関係		家賃から管理料を差し引いた額を毎月個人オーナーに支払う。	土地は借りるので、毎月個人オーナーに地代を支払う。また建物の購入代金を個人に支払う必要あり(通常は分割返済)。
節税効果	所得税	管理料は15%が上限。それほど多くの所得を個人から法人に移転させることはできない。	所得がすべて法人に移転。(地代の額で調整可能)かなりの節税効果が期待できる。
	相続税	高齢の方の相続対策でアパマンを建てる場合、その人自身が建築主となる必要がある。その場合には管理会社方式にならざるを得ない。	相続人が法人の役員になるケースでは、手取り収入が役員給与を媒介として相続人に帰属するので、個人が建てた場合のように相続税の課税対象が増えることはない。また、役員給与を残しておけば相続税の納税資金となる。
税務調査での否認の可能性の大小		管理料が高すぎる場合、税務否認を受ける可能性あり。	通常の場合、否認されることはない。「土地の無償返還に関する届出書」は必ず提出しておく必要がある。
法人の必要資金の大小		通常はそれほど資金を必要としない。金融機関から借金することはあまりない。	不動産(建物)の購入代金を個人に分割返済する必要あり。なお、個人が銀行から借金している場合には、法人からの返済資金を充当することになる。

ご覧いただければお分かりのように、両者はかなり異なります。この中で特に注目していただきたいのは「**税務調査での否認の可能性の大小**」についてです。

不動産管理会社の場合は税務否認を受けるケースが意外と多いのですが、不動産所有会社の場合はそういったことはほとんどありません。

その理由は労働の対価性にあります。

不動産管理会社の場合は管理という労働の対価として管理料を授受するわけですが、税務署はこの管理料が高いということで適正管理料との差額を否認するケースが多々あるのです。

一方、不動産所有会社の場合は自分自身が不動産を所有するわけですから、そもそも労働という行為が存在しませんので否認のしようがないのです。

よく、家賃収入というのは不労所得であると言われますが、正にそういうことなのです。所有しているだけで収入が発生するわけであるから、税務署もお手上げ状態だということです。

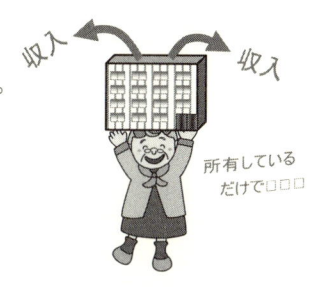

(2) 所得分散効果の比較

このように税務調査での否認の可能性という観点からも不動産所有会社のほうが有利なのですが、所得分散効果の点からも不動産所有会社のほうに軍配が挙がります。次の計算例をご覧下さい。

〈計算の前提条件〉

- 管理料：2,000万円（家賃収入）×15％＝300万円
- 地　代：50万円（土地の固定資産税）×3倍＝150万円
- 建物の売買代金：帳簿価額を売買価格とし、一定年数で按分した額を法人が個人に支払うことになる。

下記の計算例では複雑になるため無視しています。

			不動産**管理**会社	不動産**所有**会社
個人	収入		2,000万円(家賃)	150万円(地代)
	経費	管理料	300万円	—
		土地の固定資産税	50万円	50万円
		建物の固定資産税	40万円	—
		その他の経費	410万円(※)	—
		合計	800万円	50万円
	所得		1,200万円	100万円
法人	収入		300万円(管理料)	2,000万円(家賃)
	経費	給与	240万円	1,200万円
		建物の固定資産税	—	40万円
		支払地代	—	150万円
		その他の経費	50万円(※)	460万円(※)
		合計	290万円	1,850万円
	所得		10万円	150万円

(※)不動産所有会社の「その他の経費460万円(法人)」は不動産管理会社の個人の「その他の経費410万円」と法人の「その他の経費50万円」との合計。

> 以下、簡単に解説しておきます。まず不動産管理会社とか不動産所有会社を設立する前の状況からご説明します。

　法人を設立する前ということですから個人の所得だけとなりますが、これについては不動産管理会社の個人の所得欄をご覧下さい。

　そこに記載されている所得は1,200万円となっていますが、これは管理料を控除した後の金額ですから、控除する前の所得は1,500万円ということになります。これが**法人を設立する前の所得**です。

　ところで比較的新しい物件の場合には減価償却費とか支払利息がありますが、

> この事例では古い物件を想定しておりますので償却も借入金の返済も終了しているという前提です。

つまり償却も借入金の返済も終了して不動産所得が多くなっている状態の個人オーナーが

不動産管理会社　あるいは　**不動産所有会社**

を設立したら、どれだけ所得が分散できるのかという事例です。

まず不動産管理会社ですが、

管理料を 300 万円支払いますと、この個人オーナーの所得は 1,200 万円に**減額**されます。

一方、不動産管理会社のほうは個人からもらう管理料 300 万円が収入となり、そこから役員（個人オーナーとは別の家族）に対して給料を 240 万円、その他経費として 50 万円を支払ったとすると**差引所得は 10 万円**ということになります。

次に不動産所有会社ですが、

建物を法人に売却しますので家賃収入 2,000 万円はすべて法人に帰属することになります。つまり個人から法人に移るということです。

一方、地代として固定資産税の 3 倍である 150 万円を法人が個人に支払いますので、それだけは個人の収入となります。

そして、土地の固定資産税 50 万円は個人が従来どおり支払いますので、個人の所得は**差し引き 100 万円**ということになるわけです。

一方の法人ですが、この事例では家賃収入 2,000 万円から役員（個人オーナーとは別の家族）に対して給料を 1,200 万円、建物の固定資産税として 40 万円、支払地代として 150 万円、その他の経費として 460 万円を支払っていますので、**差引 150 万円**が法人の所得になります。

いかがですか？

　不動産管理会社の場合は対策後でも個人オーナーの所得は1,200万円あるのですが、不動産所有会社の場合には100万円しか残っていません。
　所得が移転する仕組みを理解していただくために極端な事例を設けたのですが、実際は個々のケースに応じて適宜判断します。
　また、この事例では不動産所有会社のほうが節税面で圧倒的に有利なようになっていますが、**実務上は管理会社のほうが良い場合もありますし、管理会社と所有会社の両方を設立する場合もあります。**
　要するに個々のケースに応じて適宜取捨選択することになるということです。

　なお、不動産所有会社を設立すれば税務否認を受けずにかなりの所得分散を図ることが可能ですが、それはあくまで税務上問題なく行なわれたということを前提にしています。
　建物の売買価格とか地代、あるいは役員給与等の設定を間違えますと、それほど効果がなかったり、思わぬ税金がかかったりする場合もあります。
　つまり、これらの対策は病気であれば大手術するにも等しいので、実行する場合には必ず資産税に詳しい会計事務所に依頼するようにして下さい。

薬を飲むだけじゃダメよ！

第5章 お金のかかる節税、かからない節税

⑥個人間でのアパマンの贈与・売買

次は個人間でアパマンを贈与したり売買する対策についてご説明いたします。

(1) アパマンを生前贈与したら、逆に増税になるのでは？

アパマンを贈与するというと、大抵の人は驚かれるのではないかと思われます。

その理由は

> 贈与税がベラボーにかかるので
> 逆に増税になってしまうのではないか

と考えるのが普通だからです。

贈与税の基礎控除額は **110万円ポッチ**。したがって、もし贈与するアパマンが5,000万円だとしたら贈与税は少なくとも **1,000万円** はかかるだろうと考えても何ら不思議ではありません。

> 5,000万円の
> 実際の贈与税
> は2,220万円

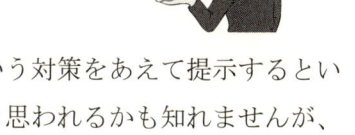

それにもかかわらずアパマンを贈与するという対策をあえて提示するということは何か上手いやり方があるに違いないと思われるかも知れませんが、それは **全くの誤解** というものです。

節税対策では奇をてらったものはほとんどが否認されています。税務上、認められている範囲内で如何にうまく組み立てていくかということが対策を考えていく上で重要なのです。

以下、私が日常的に比較的よくやっている方法について、具体例を挙げてご説明いたします。

119

(2) 4～8戸といった比較的小規模で、かつ古い物件を贈与する

　この方法の基本的スキームは「4～8戸といった比較的小規模で、かつ古い物件を贈与する」というものです。**小さい物件であり、かつ年数が経っていることが必要条件になります。**

　その理由はこれらの条件を満たす物件であれば、それほど贈与税はかからずに移転でき、その一方で不動産所得は意外に多くなっているので所得分散効果が高いという点がポイントなのです。

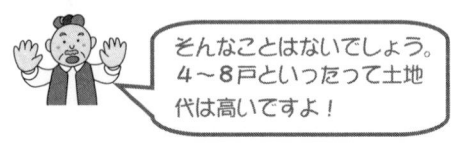

　　　　そんなことはないでしょう。
　　　　4～8戸といったって土地
　　　　代は高いですよ！

と反論されそうですが、

　　　　それなら建物だけを贈与
　　　　すれば良いのです。

というのが私の答えです。

　土地自体は収益にまったく貢献しません。家賃というのは建物を利用することに対する対価ですから、土地を所有する必要はまったくありません。

　もちろん、土地の所在場所が良ければ家賃も高くなりますが、別に土地を所有する必然性はまったくないのです。**土地は借りれば十分です。**

　借りるとすると地代をいくらにするかという問題が発生しますが、親子間とか夫婦間の場合は通常タダにします。地代を授受すると税務上、ややこしくなるからです。

(3) この方法が適していないケース

　以上、ご説明しましたようにアパマンを生前贈与する方法は規模が比較的小さく、かつ年数がそれなりに経っている物件が適しているのですが、このことは逆に言えば、**建物がデカイとか比較的新しい場合には対象から外すべきだ**ということになります。

このような物件の場合には当然ながら**建物の相続税評価額が高いので、贈与するに当たっての税負担が大きくなってしまう**からです。

　また、建物が新しい場合には借入金の返済が終了していないケースが多いのですが、そのような物件を借金付きで贈与しますと「**負担付贈与**」に該当し、多額の税金がかかってしまうケースがあります。

　そこで、もしそのような物件しかない場合には**贈与ではなく、次にご説明する売買を検討されたら良いかも知れません。**

　ところで、この対策を実行するには当然ながら贈与する相手（あるいは贈与したい相手）がいなければなりませんし、いたとしても**贈与する人より所得が少ない人でなければ意味がない**ことは他の所得分散対策と同様です。

(4) 売買する場合の注意点

　以上は個人間で建物を贈与する場合のポイントですが、贈与ではなく売買にするケースもあります。

　贈与の場合には贈与する建物の固定資産税評価額が高くなると当然ながら贈与税も高くなってしまいます。そこで、そのような場合には**贈与ではなく売買でアパマンの所有権を移転する**のです。

　ところで売買の場合には購入代金を売主に支払う必要がありますが、アパマンの家賃収入を充当することにより通常は軽々と支払可能です（金額が大きい場合には長期分割にする）。

　いずれにしても贈与とか売買で比較的小さい物件を相続人等に移転する方法はそれほど難しくありません。それでいて、**所得分散効果は比較的高いので、所得税が増えてきたと感じられたら是非一度はご検討下さい。**

⑦マイカー（自動車）の購入

　アパマン経営をしておりますと、日常の管理とか新たな不動産物件の調査等でマイカーを使うことがあります。これらの業務は不動産賃貸業そのものですから、当然ながら自動車に係る様々な費用を必要経費に算入することができます。

　ただし、純粋に業務以外にも使用するわけですから、利用頻度等に応じて費用を按分する必要があります。

　ところで、自動車に係る費用を必要経費に算入するといっても、具体的には次のような様々なケースに分かれます。

> ① 個人で既に所有しているマイカーを業務の用に使用するケース
>   A. 個人の経費とするケース
>   B. 法人の経費とするケース
> ② 個人で新規にマイカーを購入して業務の用に使用するケース
>   A. 個人の経費とするケース
>   B. 法人の経費とするケース
> ③ 法人で新規に自動車を購入するケース

　そして、これらのいずれの形態を取るかによって会計処理はまったく異なるわけですが、自動車に関する会計処理（仕訳処理）は最も難しいものの1つとされています。

　そこで、この本でもご紹介しようと思ったのですが、これだけで数十ページを要することになりますので、いずれ当社のホームページに載せたいと考えております。

⑧短期前払費用

(1) 短期前払費用とは？

　前払費用とは「一定の契約に基づき継続的に役務の提供を受けるために支出した費用にうち、12月31日(法人は事業年度末)において、まだ提供を受けていない役務に対応しているもの」です。
　こういった前払費用は本来であればいったん資産に計上した上で、役務の提供を受けたときに経費に算入していくことになっています。

　ところが、**支払った日から1年以内に役務の提供を受けるものについては**、重要性の観点から、期間対応による繰延経理をせずに、**支払時点で必要経費に算入できる**ことになっています。これを**短期前払費用**と言っています。
　ただし、次のような条件がありますので、実行に当たっては十分ご注意下さい。

> ① 一定の契約に従って継続的に役務(サービス)の提供を受けるものであること(等質・等量のサービス)
> ② 毎期継続して同様の処理を行なうこと
> ③ 収益と対応させる必要のない費用であること

以下、これらについて若干解説しておきます。

　まず、等質・等量のサービスということですから、

地代・家賃、保険料、支払利息、リース料等は該当しますが、会計事務所に対する顧問料とか雑誌の購読料等は除かれます。

> 金額は同じだとしても仕事の内容が異なるからです。地代とか家賃のように時の経過と共に等質・等量で権利・義務が発生するものでなければなりません。

> サービスではなく物品の購入に該当するということで除かれるわけです。

次に毎期継続して同様の処理を行なう必要があるということですが、これは**利益が出た時は一時に経費算入し、赤字の時は繰延経理するということは認められていない**ということです。ご注意下さい。

そして最後に、「収益と対応させる必要のない費用であること」という条件があります。これは借入金を預貯金や有価証券などに運用する場合のその借入金の支払利息のように、収益と対応させる必要があるものについては認められないということです。

もともとこのような規定はなかったのですが、バブル時代に証券会社等が大々的にお客様に奨めたため、突如として基本通達に歯止め措置の文章が追加されたのです。私もその当時、証券会社のシンクタンクに勤務しておりましたので、よく覚えております。

(2) 認められるケースと、認められないケース

ところで、以上は短期前払費用の概要ですが、国税庁では認められるケースと認められないケースの具体例を 回答事例 という形で紹介しております。

回答事例というのは、ある納税者が国税庁に照会したときの正式な回答ということですが、ご参考のためにその一部を載せておきます。いずれも3月決算の法人を前提にしております。

> <事例1>・・・ 期間20年の土地賃借に係る賃料について、毎年、地代年額（4月から翌年3月）241,620円を3月末に前払により支払う。
>
> <事例2>・・・ 期間4年のシステム装置のリース料について、12カ月分（4月から翌年3月）379,425円を3月下旬に支払う。
>
> <事例3>・・・ 期間10年の建物賃借に係る賃料について、毎年、家賃年額（4月から翌年3月）1,000,000円を2月に前払により支払う。

このうち、認められないものはどれでしょうか？
ヒントは支払日にあります。

第 5 章　お金のかかる節税、かからない節税

答えは〈事例 3〉です。この場合には 1 年間の家賃を 2 月に支払っていますが、短期前払費用に該当するためには少なくとも〈事例 2〉のように 3 月下旬（21 日〜31 日）に支払う必要があるようです。ご注意下さい。

(3) どのようなケースで利用できるのか？

　それでは、我々として具体的にどのようなケースでこれを利用できるのでしょうか？

地代とか家賃を 1 年分前払いすれば経費として算入できるといっても、本来月払いのものを年払いにするというのも何となくソンする感じで現実的ではありません。

　ただし、これはあくまで第三者間での話です。**身内同士では、月払いであろうが年払いであろうが特に関係ありません。**

そこで、例えば、同族法人が個人から土地とか建物を借りている場合、1 年間分を一括して支払うようにするのです（個人と法人は逆でも構いません）。

　この場合、地代とか家賃を支払う法人は 1 年間分を必要経費に算入しますが、**受け取る側の個人は前受収益として収入から除外しても** OK なのです。

　また、生命保険料を 1 年分前払いするというのはよくあります。

　この場合には**経費に算入できるだけでなく保険料が割引になる**というメリットもあるからです。

　これら以外にも様々な方法が考えられると思いますが、節税は経営者の義務でもあるということを肝に銘じ、シッカリ考え、かつ実行するようにして下さい。

125

④ お金のかからない節税

　以上はお金のかかる節税方法ですが、次はお金のかからない節税方法についてご説明いたします。お金がかからないわけですから、該当する場合には積極的に活用していただきたいと思います。

①青色申告特別控除

(1) 青色申告特別控除の適用要件

　最初は青色申告特別控除です。これについてはご承知のように青色申告者に適用される特典の1つであり、**10万円または65万円が不動産所得の金額から控除されます**(不動産所得の金額がこれらの額より少ない場合には、その額が限度となる)。

　このうち65万円控除を受けるためには下記の適用要件をすべて満たす必要があります。

<65万円控除を受けるための適用要件>

①	不動産の貸付が事業的規模(原則として5棟10室以上)で行なわれていること
②	正規の簿記の原則(一般的には複式簿記)により記帳していること
③	損益計算書と共に貸借対照表を確定申告書に添付し、その適用を受ける金額を記載して、確定申告期限内に提出すること
④	現金主義の所得計算の特例を受けていないこと ※「現金主義の所得計算の特例」とは現金の入出金があったときに記帳する方法です。発生主義(権利・義務が発生したときに記帳するやり方)が原則ですが、前々年の所得金額が300万円以下(事業専従者給与の額を控除する前の金額)であれば、この特例を選択できます。

アパマン経理実務学校

FAX 03(5954)0440

＜受講の仮申込書＞

この用紙をFAXか郵送でお送り下さい。

公認会計士 鹿谷会計事務所
TEL 03-5079-8900
FAX 03-5954-0440

前略

しかるに会計では、この度、アパート、マンションオーナーを対象とした経理実務学校を開設することになりました。アパマン経理実務学校といっても当面は事務所の応接室において5～6名程度の受講生を対象としてスタートするわけですが、ゆくゆくはもう少し規模を大きくしたいと考えております。

ところで、この実務学校では簿記についてまったくの素人の方が、アパマン経理に必要な知識を習得することを目標としております。

通常の簿記学校ではマスターするのに1～3カ月かけているのですが、アパマン経理に必要なレベルに到達することに限定しますので、おそらく達成可能ではないかと考えております。

ところで、このようにスタートしたはいいが、実際のところ、これほどの方にお申し込みいただけるのか予想できません。

そこで開催日設定の都合もありますので、大変申し訳ありませんが事前に仮申込みという形で、受講の有無を確認させていただきたいと考えております。

なお、実務に役立つことを短時間に効率よく理解していただくために最も大切なことは、講師の力量もさることながら、テキストの良し悪しによっても大きく左右されるものと考えております。

現在、鋭意努力してテキストを作成しておりますが、準備が整い次第、開催予定日等をご連絡させていただきたいと思います。

なお、簿記の研修とは別に、会計事務所としての通常のサービスは常に受け付けております。何かございましたら早々にご連絡下さい。お待ちしております。

スケジュール予定 ● 場所 ●

らくらくアパマン経理CPAパックサービス

サービスの内容

「らくらく社計簿…アパマン編」等、独自に開発した様々な専用ソフトを使って、通常の会計処理から決算・申告、節税コンサルまでの全ての業務をパッケージにしたトータルサービスです。下記の2つのコースがあります。

■ 全てお任せコース	日々の記帳から決算・申告まで全てお任せというものです。 一般に記帳代行と言われているものですが、経理の担当者を雇うほどの規模には達していないが、自分では面倒なのでやりたくないという方向けです。
■ 経理は自分でコース	日々の記帳は「らくらく社計簿…アパマン編」を使って自分で行うが、決算とか申告はしかったに会計に依頼するというものです。 一般に「自計化」(じけいか)と言われているものですが、決算・申告・申告等の専門分野にあるが手間がかかる業務は自分で行わない、決算・申告等の専門分野についてのみ会計事務所に依頼していても経費を抑えたい方向けです。 所有する物件件数がそれほど多くなく、したがって家賃収入もあまり多くな

● 料金表

年間の家賃収入	全てお任せコース 法人	全てお任せコース 個人	経理は自分でコース 法人	経理は自分でコース 個人
1,000万円以下	30万円	20万円	20万円	10万円
2,000万円以下	35万円	25万円	22万円	12万円
3,000万円以下	40万円	30万円	24万円	14万円
5,000万円以下	45万円	35万円	26万円	16万円
7,000万円以下	50万円	40万円	28万円	18万円
7,000万円超	別途お見積り			

<注> 1. 全て税込みです。

2. 上記金額には、決算・申告料等も全て含まれております。なお、消費税が課税される場合には別途3万円(年に4回申告する場合は2回目以降1回当たり2万円)必要となります。

3. 個人と法人の両方があるケースとか、不動産賃貸業以外の業務を兼業しているケース、あるいは不動産賃貸業以外の業種である場合には別途お見積りさせていただきますのでお問い合わせ下さい。

4. 「経理は自分でコース」を選択された場合、「アパマン経理実務学校」の受講料は無料です。また、「らくらく社計算…アパマン編」は無料進呈いたします。

13:40～15:00　複式簿記の基礎演習
15:10～16:30　アパマン経理に特有な仕訳事例の解説
16:30～17:00　「らくらく社計簿」の実演

東京都豊島区池袋2-42-3
オスカービル7F
(当社会議室)

● お申込み内容　○で囲んで下さい。

お申込み区分	A. 研修のみ参加 (26,250円)
	B. 研修＋ソフト購入 (52,500円)
	C. CPAパックサービスに申込み (裏面参照)

2名ご参加の場合は、別途15,000円をいただきます。

ご都合の良い日	参加予定人数
平日　・　土曜	1名　・　2名

● お申込み者

氏　名	フリガナ		
	氏名	TEL	－ －
		FAX	－ －
住　所	〒□□□-□□□□		
(都道府県名も書いて下さい)			

メールアドレス		
経理知識の有無	アパマンの有無	同族の管理会社の有無
全くゼロ・簿記3級程度・それ以上	既所有・購入予定	有　・　無

第5章 お金のかかる節税、かからない節税

(2) 共有の場合に青色申告特別控除を最大限に活用するポイント

● 共有の場合 … 5棟10室の判定方法

所有している不動産が5棟10室以上、つまり1戸建ての貸家であれば5棟以上、アパートの場合は10室以上であれば65万円を控除できるわけですが、もし共有の場合はどのように判定することになるのでしょうか？

例えば、10室あるアパートのうち、夫が10分の6の持分を所有し、妻が残りの10分の4の持分を所有している場合、夫婦それぞれが所有する部屋の数は何室にカウントされるのかということです。

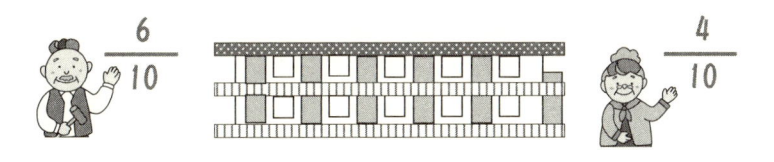

常識的に考えると、夫は6室(10室×6／10)、妻は4室(10室×4／10)になりそうですが、税務の取り扱いでは持分を掛けるということはしません。つまり、**夫も妻もそれぞれ10室を所有していると考える**のです。

したがって、**夫婦それぞれが65万円控除の要件を満たすことになり、自分の課税所得から65万円を控除できる**ということになります。

もし、共有者が3人であればトータルで195万円(65万円×3人)、4人であれば260万円(65万円×4人)になります。

127

> **共有はモメルからダメなのか？**
>
> 　共有の場合には1人でも反対すると売却できません。したがって、共有を頭から否定する人が多いのですが、共有でモメル可能性があるのは兄弟間のケースです。夫婦間とか親子間ではそれほどモメルことはありません。
> 　まして、今回の対策は建物だけを共有にするというものですから、いずれ取り壊されて無くなってしまいます。したがって、あまり神経質になる必要はないのではないでしょうか？
> 　共有にしていると売却するのが難しくなるからダメだと決めつけるのではなく、共有者全員で力を合せて所期の目的を達成しようという考えのほうが余程前向きだと思われます。

共有にする場合の具体的方法

① 新規にアパートを建設するケース

　例えば、夫が6室、妻が4室のアパートをそれぞれ所有しているケースで、新規に6室のアパートを建設する計画を立てているものとします。

　この場合、夫あるいは妻が単独で建てるとすると次のようになります。

夫が6室すべてを取得する場合

　夫の所有するアパートの室数　→　6室＋6室 ＝ 12室 ≧ 10室

　妻の所有するアパートの室数　→　4室＋0室 ＝ 4室 ＜ 10室

妻が6室すべてを取得する場合

　夫の所有するアパートの室数　→　6室＋0室 ＝ 6室 ＜ 10室

　妻の所有するアパートの室数　→　4室＋6室 ＝ 10室 ≧ 10室

それでは、夫婦それぞれが2分の1ずつの持分を取得するとどうなるでしょうか？

夫の所有するアパートの室数　→　6室＋6室 ＝ 12室 ≧ 10室　　持分は1／2

妻の所有するアパートの室数　→　4室＋6室 ＝ 10室 ≧ 10室　　持分は1／2

　このようにそれぞれが2分の1ずつの持分を取得すると、いずれも10室以上のアパートを所有することになり事業的規模の要件を満たしますので、2人とも65万円を控除できることになります。

② 既存のアパートを贈与なり売買で移転するケース

　「①新規にアパートを建設するケース」と同じく、夫が6室、妻が4室のアパートを所有しているケースで、それぞれが所有するアパートを贈与なり売買で相手側に移転した場合はどうなるでしょうか？

　この場合、相手側に移す持分はいくらであっても室数の計算には関係ありませんが、ここではとりあえず10分の1の持分を移転したことにします。

　そうしますと移転後のそれぞれのアパートの室数は次のようになります。

持分は9／10　持分は1／10

夫の所有するアパートの室数　→　6室＋4室 ＝ 10室 ≧ 10室

妻の所有するアパートの室数　→　4室＋6室 ＝ 10室 ≧ 10室

持分は9／10　持分は1／10

　このように、いずれも10室のアパートを所有することになり事業的規模の要件を満たすことになるわけです。

移転する持分割合が多いと、それだけ移転する所得も多くなるということをお忘れなく！

②青色事業専従者給与

(1) 青色事業専従者給与とは？

　青色申告の特典の１つに青色事業専従者給与があります。

　これについては既にご存じだと思いますが、青色申告者と生計を同一にしている配偶者やその他の親族（親とか子供）のうち、年齢が15歳以上で、その青色申告者の事業に専ら従事している人に支払った給与は労務の対価として適正な金額であれば必要経費として認められるというものです。

　ただし、**事業専従者として給与の支払を受ける人は、控除対象配偶者や扶養親族から外されますので**、ご注意下さい。

　例えば、サラリーマンのご主人が副業としてアパマンを経営している場合、奥さんに専従者給与を支払ったら、ご主人の控除対象配偶者からはずされることになるということです。

　つまり、ご主人の所得から配偶者控除の額を差し引くことができなくなるということですから、事前にシッカリと損得計算をしておかなければなりません。

(2) 適用要件

　このように青色申告者の特典として青色事業専従者給与というものが認められているのですが、適用に当たっては以下のようないくつかの要件を満たす必要がありますので、ご注意下さい。

〈適用要件〉

①青色事業専従者に支払われた給与であること
「青色事業専従者」とは、次の要件のいずれにも該当する人です。
　　イ.青色申告者と生計を同一にしている配偶者その他の親族であること
　　ロ.その年の12月31日現在で年齢が15歳以上であること
　　ハ.その年を通じて6ヵ月を超える期間(一定の場合には事業に従事することができる期間の2分の1を超える期間)、その青色申告者の営む事業に専ら従事していること

②「青色事業専従者給与に関する届出書」を所轄税務署に提出していること
　　※提出期限…青色事業専従者給与を支払う年の3月15日(その年の1月16日以後、新たに事業を開始した場合や新たに専従者がいることとなった場合には、その開始した日や専従者がいることとなった日から2ヵ月以内)までです。

③届出書に記載されている金額の範囲内で支払われたものであること(実際に支払う必要あり)

④労務の対価として相当であると認められる金額であること

⑤不動産の貸付が事業的規模(原則として5棟10室以上)で行なわれていること

③白色事業専従者控除

(1) 白色事業専従者控除とは？

　白色申告の場合であっても一定の要件を満たしていれば白色事業専従者控除として所定の額を不動産所得から控除することができます。
　この白色事業専従者控除の場合は青色事業専従者給与の場合と異なり、実際に支給するか否かは問われません。
　確定申告書の所定の記載欄に必要事項を記入するだけでOKです。つまり配偶者控除とか扶養控除と同じ位置づけなのです。給与ではなく、控除となっているのはそういう理由です。
　ただし、この特例を受ける場合は青色事業専従者給与の場合と同様、控除対象配偶者や扶養親族から外されますので、ご注意下さい。

(2) 適用要件

上述しましたように、この特例を受けるためには以下のようないくつかの適用要件を満たす必要があります。

〈適用要件〉

> ①事業専従者に該当していること
>
> 「事業専従者」とは、次の要件のいずれにも該当する人です。
>
> 　　イ．白色申告者と生計を同一にしている配偶者その他の親族であること
>
> 　　ロ．その年の12月31日現在で年齢が15歳以上であること
>
> 　　ハ．その年を通じて6ヵ月を超える期間、その白色申告者の営む事業に専ら従事していること
>
> ②不動産の貸付が事業的規模(原則として5棟10室以上)で行なわれていること

(3) 専従者控除の額

ところで、この白色事業専従者控除は青色事業専従者給与と異なり、金額を勝手に決めるということはできません。次のいずれか低いほうの額に自動的に決まりますので、ご注意下さい。

86万円(配偶者の場合)
または
50万円(その他の親族)

この控除をする前の不動産所得 ÷ (事業専従者の数＋1)

いずれか低いほうに決まり！

(4) 共有の場合の注意点

以上で白色事業専従者控除の概要はお分かりいただけたと思いますが、共有の場合に2点ほどご注意いただきたいことがあります。

まず1つ目は、

> 兄弟で12室のアパートを2分の1ずつの共有にしており、その管理を母親に任せている場合、兄弟の双方で事業専従者控除を適用できるのか否か

ということです。

これについては**「できない」**というのが結論です。その理由は「その白色申告者の営む事業に専ら従事していること」という要件を満たさないことになるからというものです。

まったく同じ物件を管理するわけですから実質的に考えれば問題ないような気がしますが、言葉尻を捉えてできないということにしているようです。

税務というのは本来実質的に考えることになっているのですが(実質課税の原則)、こういった点は形式主義がまかり通っているようです。

2つ目は、

> 母親と子供でアパートを共有し、その管理を母親に任せている場合、この母親は子供の事業専従者になることができるのか否か

ということです。

これについても残念ながら**「できない」**というのが答えです。自ら共有持分を有する人は、他の共有持分者の事業に専ら従事したことにならないからという理由です。

不動産を所有していることと労働の提供とはまったく異なると思うのですが、「できないものはできない、文句を言うな!」ということのようです。

お上には逆らえません。

④家族に対する給与の支払

　以上ご説明しましたとおり、青色事業専従者給与とか白色事業専従者控除が適用できるのは支給対象者が「生計を同一にしている配偶者その他の親族」に限られています。

　ところが母親とか兄弟の場合、生計を別にしているケースは意外と多いものです。したがって、もし不動産管理等の仕事をこれらの家族にやってもらう場合にはどうすれば良いのでしょうか？

　これについてはそれほど難しくありません。損益計算書の必要経費の欄に「給料賃金」という項目がありますが、そこに計上すれば良いのです。

「給料賃金」…と。

⑤純損失の繰越し

(1) 純損失の繰越控除とは？

　不動産所得が赤字(損失)になった場合、他の所得(給与所得、事業所得等)と損益通算できますが、損益通算してもなお控除しきれない部分のことを「純損失」と言います。

　この純損失の金額については一定の条件の下に翌年以降 3 年間まで繰り越し、その時点の黒字の所得(給与所得、不動産所得、事業所得等)から控除することができます。このことを「純損失の繰越控除」と言います。

〈適用要件〉

①	純損失の生じた年分について、青色申告用の損失申告書等を確定申告書の提出期限内に提出していること
②	その後の年分において連続して確定申告書を提出していること(その後の年分については青色申告でなくても OK。例えば、その後の年分について給与所得しかなく青色申告者でなくなった場合でも、連続して確定申告書を提出していれば適用を受けられるということです)

(2) 繰越控除の具体例

　以上で純損失の繰越控除の概略はご理解いただけたと思いますが、より正確を期すため、具体例を挙げてご説明いたします。

　次の表「純損失の繰越控除の仕組み」は5年間の課税所得金額の計算過程を一覧表示にしたものです。

〈純損失の繰越控除の仕組み〉　　　　　　　　　　　　　　（単位：万円）

項　目	1年目	2年目	3年目	4年目	5年目
不動産所得	△500	△300	150	250	350
給与所得	200	200	200	200	200
合　計（損益通算後）	△300	△100	350	450	550
純損失の繰越控除			△300　△50	△50	
所得金額	0	0	0	400	550
所得控除	△80	△80	△80	△80	△80
課税所得金額	0	0	0	320	470

　この計算例では不動産所得の赤字(損失)が1年目に500万円、2年目に300万円発生しておりますが、給与所得が200万円ありますので、まず不動産所得の赤字と給与所得の黒字を損益通算します。
　その結果、損益通算後の赤字の額(純損失の額)は1年目が300万円、2年目が100万円になります。
　白色申告の場合には、これらの額から所得控除の額を差し引いた額(課税所得金額)に対してストレートに課税されるわけです。

　ところが青色申告の場合には純損失の額が翌年以降3年間まで繰り越され、それぞれの年度の黒字の所得から控除されるというわけです。
　したがって、本来であれば1年目の赤字の額 300万円は2年目に繰り越され、その時点の黒字の所得から控除されるのですが、2年目はそもそも赤字ですから、そのまま3年目に繰り越されます。そして、3年目の黒字の所得 350万円から控除されるというわけです。
　次に、2年目の赤字の額 100万円のうち 50万円は3年目の残りの額 50万円 (350万円－300万円)から控除され、控除し切れなかった 50万円は4年目の所得 450万円から控除されることになります。

このように**純損失の額は古いものから順番に控除していく**仕組みになっています。任意の年度の所得から控除することはできませんので、ご注意下さい。

(3) 実務上、どのようなケースで有用なのか？

以上で純損失の繰越控除の仕組みについてはだいたいご理解いただけたと思いますが、それでは実務上、どのようなケースでこの特例が役に立っているのでしょうか？

いくらメリットの多い特典だとしても実際に使う機会がないのであればまったく意味が無いからです。そこで今までに経験した中から２つほど具体例を挙げてご説明いたします。

1. アパマンを建て替えるケース

アパマンを建て替える場合には通常かなりの経費が発生します。例えば、立退料、建物の解体費等です。これらは当然ながら一時に経費算入できますが、建て替えるときは家賃収入がほとんどありませんので、白色申告のままでは赤字の額は切り捨てられてしまいます。ところが青色申告にしておけば、この特例を使って次年度以降の不動産所得等から控除できるというわけです（なお138ページの「⑦資産損失の必要経費算入」参照）。

2. 突発的に発生する所得と損益通算するケース

この純損失の繰越控除により繰り越されてきた純損失は様々な所得から控除されます。例えば、生命保険が満期になった場合の所得は一時所得になりますが、この所得とも通算できるのです。このように突発的に様々な所得が発生することはよくありますで、折角のチャンスを無に帰することがないよう是非青色申告にしておいて下さい。

後悔、先に立たず、です。

青色申告承認申請書の提出期限

青色申告書による申告をしようとする年の3月15日まで（その年の1月16日以後、新たに不動産の貸付をした場合には、その事業開始等の日から2ヵ月以内）に青色申告承認申請書を所轄税務署に提出する必要があります。

なお、青色申告の承認を受けていた被相続人の事業を相続により承継した場合は、相続開始を知った日（死亡の日）の時期に応じて、それぞれ次の日が提出期限となります。

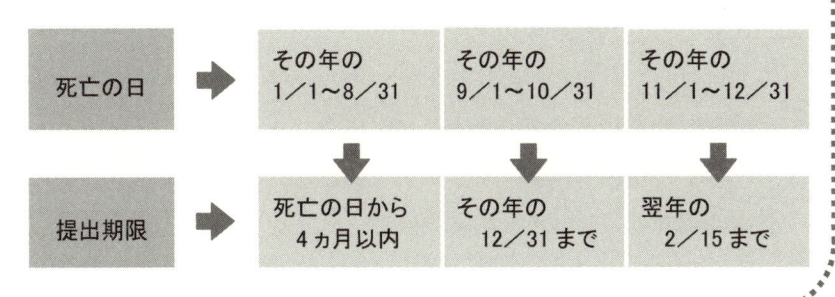

死亡の日	提出期限
その年の1／1～8／31	死亡の日から4ヵ月以内
その年の9／1～10／31	その年の12／31まで
その年の11／1～12／31	翌年の2／15まで

⑥純損失の繰戻し

(1) 純損失の繰戻しとは？

青色申告者については上述したとおり、その年に生じた純損失の金額を翌年以降3年間まで繰り越して控除するという方法以外に、その純損失の額を<u>前年分の所得金額から控除したところで税額計算し直し、その差額を還付請求することもできます</u>。これを「純損失の繰戻し」と言います。

<適用要件>

①	純損失の生じた年分について、青色申告用の損失申告書等を確定申告書の提出期限内に提出すると共に還付請求書を提出すること
②	前年分について青色申告書を提出していること

(2) 実務上、どのようなケースで有用なのか？

このように純損失の額を前年度に繰戻して既に納税した税金につき還付請求することもできますので、アパマンを建て替えることにより多額の損失が生じた場合で、かつ前年度に多額の税金を納めている場合には、この特例を使って還付請求したほうが良いでしょう。

なお、一部繰戻さなかった場合には、繰戻さなかった額については純損失の繰越控除を使って翌年以降に繰り越すこともできます。

> つまり併用できるということです。

⑦資産損失の必要経費算入

アパマンを建て替える場合には解体費（取壊し費用）とか立退料といった費用が発生しますし、また未償却残高があれば、その償却をする必要があります。

このうち解体費（取壊し費用）は債務が確定した日（請求書に記載の日など）の属する年度、立退料は現実に支払った日の属する年度の必要経費に算入しますが、

> 未償却残高はいつの時点で償却すればいいでしょうか？

これについては「取壊しにより、その資産本来の機能を果たし得ないこととなったことが客観的に認識できる状態になった時」ということになっています。

若干回りくどい表現ですが、要するに**取壊しに着手し、決算時点（個人は 12 月 31 日）で、ある程度解体が進んでいれば、その時点で償却できる**ということです。

ところで、この資産損失の必要経費算入(建物の未償却残高の一括償却)については、所有している建物が事業的規模に達していない場合には不動産所得の額までしか経費算入できないことになっています。つまり**他の所得と損益通算できない**のです。

これについては間違えやすいので、具体例を挙げてご説明いたします。

> 以下の事例は古いアパートを解体して、新しいアパートに建て替えるというケースです。なお、複雑になりますので、当該アパート以外には物件を所有していないものとします。

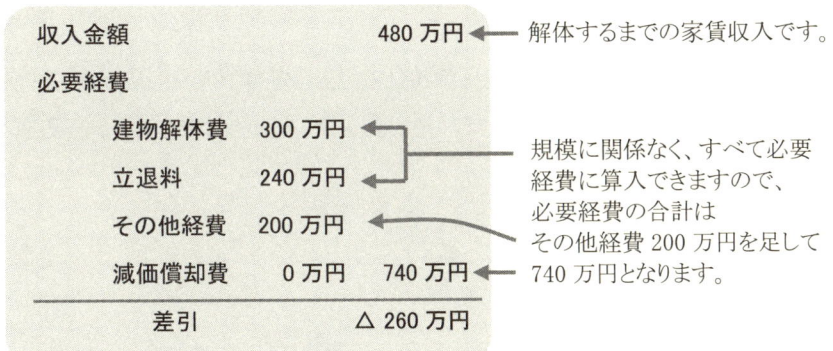

収入金額		480万円 ← 解体するまでの家賃収入です。
必要経費		
建物解体費	300万円	
立退料	240万円	規模に関係なく、すべて必要経費に算入できますので、必要経費の合計はその他経費200万円を足して740万円となります。
その他経費	200万円	
減価償却費	0万円	740万円
差引	△260万円	

そこで、収入金額から必要経費を差し引きますと260万円の赤字となりますが、この額が減価償却費を差し引く前の不動産所得というわけです。

以上を前提として、それでは資産損失の必要経費算入額(償却限度額)はいくらになるでしょうか? (建物の未償却残高は250万円とします)。

1. 取り壊したアパートが事業的規模に該当するケース

償却前の所得がマイナスであろうとまったく関係ありません。未償却残高250万円は全額を償却できます。したがって償却後の不動産所得はマイナス510万円となりますが、もし他に所得があれば、その所得と損益通算できますし、青色申告者であれば翌期以降3年間まで繰り越すことが可能です。

2. 取り壊したアパートが事業的規模に満たないケース

償却前の所得がマイナスになっていますので償却は一切できません。未償却残高250万円は全額切捨てとなります(相手科目は事業主貸)。ただし、マイナスの所得260万円については、もし他に所得があれば、その所得と損益通算できますし、青色申告者であれば翌期以降3年間まで繰り越すことが可能です。

なお、以上は個人の場合を前提としておりますが、法人の場合には、そもそも所得を分けませんので事業的規模であるか否かにかかわらず、常に全額を償却できます。

いずれにしても**アパマンを建て替えるケースでは通常かなりの経費がかかり、その結果、大幅な赤字になる場合が多いのですが、赤字というのは節税のチャンスでもある**のです。

アパマンを建て替えるというと、建物のプランばかり気になって、税務のことが疎かになってしまいがちですが、このような折角のチャンスをみすみす見逃す手はありません。

そこで、できれば計画の段階から資産税に詳しい会計事務所に依頼して万全を期すようにして下さい。

少しのコストをケチろうとしたばかりに大損するということはよくあることです。

⑧未払金等の計上

(1) 未払金等は決算時点でドンドン計上しよう！

通常の月ではほとんどの場合、現金ベースで記帳します。現金ベースとは要するに現金で支払った時とか、自分の預金口座から相手の口座に振込んだ時、あるいは預金口座から自動的に引き落された時に記帳する方法です。

このように通常月では実際に支払うまで費用計上しないのが普通なので、月末においてまだ支払っていない請求分については記帳(入力)していないハズです。

そこで月末までに請求書が来ているもの(正確には債務が確定しているもの)についてはキッチリと未払金を計上すべきです。

> 税務上は未払金を計上していないからといって特に文句は言われませんが、計上すればそれだけ課税所得が減り、トクだからです。

未払金と未払費用の違い

未払金と未払費用の違いはご存じですか？ **未払金**は確定した債務を処理する場合に使用します。例えば、ツケで飲んだ場合、後から請求書が来ますが、その時点で債務は確定しております。したがって、決算日現在でまだ支払っていない場合には未払金を計上することになります。

一方、**未払費用**は一定の契約に基づき継続して役務の提供を受ける場合、既に提供された役務に対して、まだ支払っていない費用を処理する科目です。

例えば、毎月20日払いの借入金がある場合(個人のケース)、決算月である12月分については12月21日から31日までの支払利息について費用計上できますが、このような場合には未払金ではなく未払費用のほうを使用します。

実際に支払うのは翌年の1月20日ですが、決算日までの費用については既に役務の提供を受けているということで、このように未払費用を計上するのです。

ただし、未払費用はあくまで決算時点において一時的に計上するだけなので、翌期首である1月1日において反対仕訳をすることになります。

反対仕訳というのは借方と貸方の勘定科目をそれぞれ逆にした仕訳のことですから、この仕訳をすることによって当初の仕訳がなくなったことになります。つまり現金ベースに戻るということです。

> それでは翌年の1月20日に残高不足で引き落とされなかった場合はどうなるんじゃ？

この場合には既に支払期限が過ぎておりますので、その時点で債務が確定します。そこで、もし決算時点においてもまだ支払っていない場合にはその時点(決算日の12月31日現在)で未払金を計上することになります。

なお、未払費用としては上記で説明した支払利息以外に給料、地代、家賃、リース料、社会保険料等があります。いずれも「後払い」のケースです。

(2) 固定資産税の未払金を計上する

固定資産税(都市計画税を含む)は毎年1月1日現在の土地・建物の所有者に対して課税される市町村民税です。

ところで、この固定資産税は原則として年4回(ex.5月、7月、12月、翌年2月)に分割して納税することになっております（例外あり）が、会計処理は下記の3つの方法から適当なものを選択することができます。

ただし、いったん採用した方法は原則として毎期継続する必要がありますので、ご注意下さい。以下、具体例を挙げて解説しておきます。

● 賦課決定日(納税通知書の日付) ・・・ 21年5月1日

〈個人のケース〉

納期	21年5月1日～21年5月31日	21年7月1日～21年7月31日	21年12月1日～21年12月25日	22年2月1日～22年2月28日
納付税額	358,200円	345,000円	345,000円	345,000円

(注)納付期限に実際に納付したものとします。

〈第1法〉 実際に納付した年度の経費として処理する方法

- 21年度 → 358,200円 + 345,000円 + 345,000円 = 1,048,200円
- 22年度 → 345,000円

〈第2法〉 納期の開始日が属する年度の経費として処理する方法

- 21年度 → 358,200円 + 345,000円 + 345,000円 = 1,048,200円
- 22年度 → 345,000円

この場合は結果的に第1法と同じになりますが、この方法では各納期の開始日に未払金を計上することになります。このように、第2の方法はその都度、未払金を計上しなければならないため、あまり実用的ではありません。

〈第3法〉賦課決定のあった日が属する年度の経費として処理する方法

- 21年度 → 358,200円+345,000円+345,000円+345,000円 = 1,393,200円

この場合は賦課決定のあった日（21年5月1日）に全額を未払金として計上することになります。

このように個人の場合には**第3法を採用することにより第4期分の固定資産税まで必要経費に算入することができます。**

なお、実務上は決算において第4期分の固定資産税につき未払金を計上するだけで OK です。つまり第1期分から第3期分についてはわざわざ未払金を計上しないで、**実際に支払った日に経費に算入すれば良い**ということです。

(3) 消費税につき未払金を計上する

消費税は支払った時点で経費に算入できますが、決算時点で未払金を計上した場合、必要経費に算入できるのでしょうか？

例えば、決算において次のような仕訳をした場合、租税公課は必要経費に算入できるのか否かということです。

（借方）　租税公課　100,000　／　（貸方）　未払消費税等　100,000

これについては**必要経費に算入できる**というのが正解です。もちろん実際に支払った時点で経費算入することもできますが、**未払金を計上することによって前倒しできる**というわけです。

この点、事業税とは異なります。事業税というのは実際に支払った時点で経費に算入できますが、未払金を計上しても必要経費としては認められないのです。あくまで支払わなければなりません。

ところで以上の説明は消費税の経理処理で税込み経理を採用した場合です。**税抜き経理の場合にはそもそも租税公課という科目は発生しません。**

ただし、実際の申告納税額と仮払消費税等あるいは仮受消費税等との差額について雑損失とか雑収入という科目を使用することはあります。

143

⑤ 青色・白色の各特典と事業的規模との関連

(1) 青色・白色の各特典と事業的規模

　青色とか白色には様々な特典がありますが、事業的規模であるか否かにより、適用を受けられる特典と受けられない特典があります。

　また、青色申告特別控除のように控除額に違いがある場合もあります。次の表をご覧下さい。

	青色申告 5棟10室 以上	青色申告 5棟10室 未満	白色申告 5棟10室 以上	白色申告 5棟10室 未満
青色申告特別控除	65万円	10万円		
青色事業専従者給与	○	×		
白色事業専従者控除			○	×
純損失の繰越し	○	○		
純損失の繰戻し	○	○		
少額資産の必要経費算入	○	○	△	△
小規模企業共済制度	○	×	○	×
資産損失の必要経費算入	○	△	○	△

　○ ・・・ 適用可。
　× ・・・ 適用不可。
　△ ・・・ 適用できるケースとできないケースがあるということ(詳しくは、105ページ以降と138ページ以降をお読み下さい)。

(2) 事業的規模に該当するか否かの判定方法

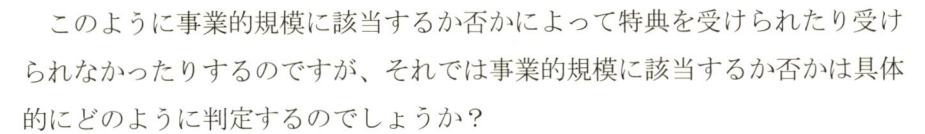

このように事業的規模に該当するか否かによって特典を受けられたり受けられなかったりするのですが、それでは事業的規模に該当するか否かは具体的にどのように判定するのでしょうか？

これについては、まず下記の形式基準で判定し、もし形式基準では該当しないと判定されたら次に実質基準で判定することになっています。

〈形式基準〉

1戸建ての貸家だけ	**5棟**以上（1棟がアパート2室に該当）
アパートだけ	**10室**以上
貸地（青空駐車場を含む）だけ	**50件**以上（1件がアパート1／5室に該当）

> **計算例**
> 貸家1棟、アパート7室、駐車場5件といったように種類の違う物件を所有している場合には次のようにアパートの基準に合せて計算する。
>
> 貸家1棟　　　　アパート2室　（1棟×2）
> アパート7室　　アパート7室
> 駐車場5件　　　アパート1室　（5件×1／5）
> ─────────────────────
> 　　　　合　計　　10室

〈実質基準〉

賃貸料の収入の状況、貸付資産の管理の状況等からみて、上記形式基準に準ずる事情があると認められる場合にも同様に事業的規模に該当することとされています。

例えば、アパートではなく貸ビルの場合、室数では足りないが、賃料収入ではアパート収入を大幅に超えるといったケースです。

> ただし、実質基準の場合にはかなり主観に左右されますので、できるだけ事前に税務署に確認しておくべきでしょう。

6 税務否認を受けないための重要ポイント

(1) 不動産管理料が高いとして否認された時のお話

　以上、述べましたように節税対策には様々なものがありますが、皆様方はこれらの対策を今までに実施されたことがありますか?

　もし、実施されたことがある場合、税務署から否認されたことはありますか? 例えば、青色事業専従者給与を支給していた場合、税務署から高過ぎるとして否認されたことはないでしょうか?

> 私は以前にお客様の不動産管理会社の管理料について高過ぎるということで否認されたことがあります。

　そのときは近隣の農家に一斉に税務調査が入り、管理料が狙い撃ちにされたのです(そのお客様は農協の役員をされていたので税務調査の情報がすべて筒抜けでした)。

　私もこの分野(アパマンに関する各種の節税対策)では日本でもトップクラス

> 生意気言って申し訳ありません。

であるとの自負がありましたので、いろいろと抵抗したのですが、最終的にはある程度のところで妥協することにしました。

　妥協することにした理由は次の通りです。

> ① 管理会社を設立して既に12〜13年程度経過しており、否認されたとしても3年間だけなので、それなりのメリットはあった(12〜13年も経ってから突然調査に来るということもあるのです)。
>
> ② そのお客様は所得がかなり多かったので、管理料も若干高めにしていた。
>
> ③ 他にもっと大きな節税対策をいくつかやっており、やぶ蛇になるのを避けたかった。
>
> etc.

第5章 お金のかかる節税、かからない節税

　ところで、不動産管理料の多寡をめぐって税務否認を受けるケースがあるのはどうしてだと思われますか？　答えを言いますと、不動産管理料というのは労働の対価だからなのです。

　要するに労働の対価として高過ぎると判断された場合には適正な額まで引き戻すことが租税の正義を実現することになると税務署が考えているのです。

　ただし、この場合、問題になるのが「適正な額」とはいくらなのか、ということです。何をもって適正な額であるかということは正に事実認定の問題なので、多くの場合、納税者と税務署がバトルを繰り返すことになるわけです。

　それでは我々として税務署とバトルを繰り返すことにメリットはあるのでしょうか？　これについては、メリットはないというのが私の基本的な考えです。

　それは裁判等に持ち込めば結局ソンをすることになるからというのがその理由です。

　ほとんど負けますが…

　なぜソンすることになるかと言えば、裁判に負けた場合、一般の管理会社の管理料が適正な管理料（多くて7％）として採用されることになるからです。

　例えば、管理料として家賃収入の20％を授受していた場合、税務署がこれでは高いので15％を超える額は否認しますと言ってきたとします。

　このとき、

　裁判で決着をつけてやる

と啖呵を切り、実際に裁判で争ったとすると、ほぼ間違いなく7％程度を超える額は否認されてしまいます（過去の判例はすべてこのようになっています）。

　つまり税務署の言うとおり15％で妥協していれば、5％の否認だけで終わっていたものを、裁判をすることによって逆に傷口を広げてしまう結果になる可能性が高いということです。

　もちろん、ある程度の交渉はしますが…

147

このように事実認定で納税者が勝つということは残念ながらほとんどありません。そこで、このような場合には最初から争わないに限るというのが正解なのです。

(2) 労働所得と不労所得

以上、ご説明しましたように労働の対価である労働所得の場合には「適正な額」を超えますと、超えた額について否認されるのですが、一方で**否認されない所得**というものがあります。いわゆる不労所得のことです。

その代表は**不動産所得**ですが、これ以外に**利子所得**とか**配当所得**があります。これらはいずれも**資産所得**に該当します。

つまり、**これらの所得はアパマンとか預貯金、株式といった資産を所有しているだけで発生する所得ですから所得の源泉である資産自体を適正に取得したか否かについては厳しくチェックされますが、特に問題がなければ税務署としては文句の付けようがない**というわけです。

一方、事業所得とか給与所得のような労働所得の場合には労働の対価として支払われる所得ですから、適正な額までしか認めてくれません。

このように所得には労働所得と不労所得があり、いずれに該当するかによって税務否認の可能性に違いがあるということをシッカリと覚えておいて下さい。

<労働所得と不労所得>(個人の場合)

	労働所得	不労所得
利子所得	ー	○
配当所得	ー	○
不動産所得	ー	○
事業所得	○	ー
給与所得	○	ー

譲渡所得、退職所得、一時所得、山林所得、雑所得については、継続的な所得ではない、あるいは節税に利用できるものでもない、ということで省略しております。

(3) 各種節税方法と所得分類

上述しましたように、不動産所得自体は不労所得ですから、適正に申告していれば税務否認を受けることは本来ありえないのです。

ところが現実は違います。あちらこちらで否認のオンパレードです。

これはどうしたことでしょうか？
本来否認されないものが実際は否認されているのです。

この理由はそれほど難しくありません。つまり不動産所得自体は不労所得なのですが、**不動産所得を減らすための各種節税手法に問題が隠されている**のです。

次の表をご覧下さい。いろいろな節税手法が労働所得と不労所得に分類されています。

〈各種節税方法と所得分類〉

	労働所得	不労所得
青色申告特別控除	－	○
青色事業専従者給与	○	－
白色事業専従者控除	○	－
不動産管理会社	○	－
不動産所有会社	－	○
個人間での売買・贈与	－	○

まず**青色申告特別控除**ですが、これは不労所得のほうに○が付いています。つまり青色申告特別控除は労働の対価ではないということです。

当たり前ですね。青色申告特別控除は一定の条件を満たすだけで適用できるわけであり、労働の対価とはまったく関係ありません。

このようなものについては否認のしようがないのです。

149

それでは**青色事業専従者給与**とか**不動産管理会社**はどうでしょうか？　これらについては特に説明は要りませんね。労働の対価そのものです。

したがって、適正な額を超えていれば、　　　即御用　となります。**税務上、最も否認される可能性の高い項目であるということができます。**

白色事業専従者控除はどうでしょうか？　これも一応は労働の対価ではあるのですが、この専従者控除の場合は金額の多寡を争うというよりも、そもそも所定の労働があったか否かという点だけがチェックされます。

それでは**不動産所有会社**とか、**個人間での売買・贈与**はどうでしょうか？　少し考えていただければお分かりのように、これらは不動産所得自体を分割するという対策です。

したがって、物件を適正に取得さえしていれば税務署としても否認のしようがないというわけです。

このように節税手法の中にも否認される可能性がある対策と、ほとんど問題のない対策があるということはシッカリと覚えておいて下さい。

⑦ 大切なのは様々な節税対策をどのように組み合わせていくかということ

以上、「お金のかかる節税、かからない節税」ということでご説明してきましたが、少しは役に立ちそうな対策はありましたでしょうか？

それほど突飛な対策をご紹介しているわけではありませんので大体はご理解いただけたことと思います。

ところで、実際上はこれらの対策をどのように組み合わせていくかが重要になりますが、これについては個々の条件によって結論はまったく異なってきます。

もともとそれほど税金を払っていないとか、あるいは所得を分散する家族がいないといったケースでは選択肢自体が少ないのでそれほど難しくはありませんが、そうでなければやはり厄介です。

また、**最適な節税の仕組みも状況が変われば、それに応じて変えていく必要があります**（96ページにも同様なことを書きました）。

例えば、

- 相続が発生した
- 新規にアパマンを取得（建設または購入）した
- 建物が古くなり建て替えざるを得なくなった
- 借金の返済が終了した

といった場合には当然ながら、節税の仕組みを作り直さなければなりません。

このように<u>節税対策というのは一度やれば終わりということではなく、常に見直していく必要がある</u>のです。

このようなことから、ある程度の収入とか資産があるのであれば、やはりこうしたアパマン経営に関する税務を得意としている会計事務所と顧問契約をされたほうが良いでしょう。
　会計事務所としても顧問契約をしているお客様については常に状況を把握しておりますので、その時々において最適なご提案ができるからです。

たくさんあるのでヨロシク

第6章

消費税の還付請求は、こうする！

最近、建物の消費税について還付請求する人が増えているそうじゃ。でもキチンと仕組みを理解していない人が多く、いろいろ問題になっている。
この章では、この還付請求のノウハウが満載されているのでシッカリと勉強して欲しい。

アパマンの場合には家賃収入が非課税なので、ほとんどの場合、消費税は関係ありません。
　ところが最近は建物に係る消費税を還付請求する人が増えておりますので、これについてかなり詳しく解説することとしました。
　実は、この消費税の還付請求については誤解している人が少なからずいらっしゃるのです。
　インターネットで検索すると、「還付を受けた消費税は雑収入になるので、それほどメリットがない」とか、「礼金についても家賃収入と同じく前受金として翌期に計上することができる」といった誤った情報が流布しているのです。
　特に後者の問題については専門家である税理士でもかなりの方が間違って理解しているので、注意を喚起する意味でも詳しく書きました。
　本来、こういった情報はノウハウに属することですし、今以上に還付請求する人が増えれば国のほうで歯止めをかけてくる恐れが十分にありますが、間違いはやはり良くないので、すべてオープンにしました。

１ はじめに

皆様方は消費税に対してどのような印象をお持ちですか？

「消費税というと頭に浮かぶのは税率の５％だけ」というのでは困ります。

単なる消費者であればそれでもOKですが、事業経営者としては落第。消費税の仕組みをキッチリと理解しておく必要があります。

ただし、消費税というのは意外と難解なのです。専門家であっても、よくチョンボします。その理由は所得税とか法人税と基本的に考え方が異なっているからです。

そもそも消費税には所得という概念がありません。所得税とか法人税の場合には収入から必要経費を差し引いて所得を計算し、その所得に対して税率を掛けるという流れになるのですが、消費税の場合にはこのようにはなっておりません。

また、消費税の場合、税金の計算方法が複数認められていますが、そのことが複雑さに輪をかけているのです。

このように消費税はそれなりに難解ではありますが、アパマン経営だけに絞ればどうにかこうにか理解できると思います。

そこで、以下アパマン経営に関する消費税についてコンパクトにまとめておきましたので、頑張って理解するようにして下さい。

② アパマン経営と消費税

　ところでアパマン経営を始めますと所得税の確定申告が必要になるということはほとんどの方が理解されているのですが、消費税となるとピンと来ない方が多いのではないでしょうか？

　もちろん通常の場合には消費税は関係ないのですが、アパマン経営者といえども次のようなケースでは消費税の申告をする必要があります。

〈アパマン経営者が消費税の申告をしなければならないケース〉

> ①駐車料収入が1,000万円を超えるケース
> ②建物に係る消費税につき還付請求するケース
> ③不動産管理会社を設立して、その管理料(業務委託料)が1,000万円を超えるケース
> ④建物を法人に売却するケース

以下、これらについて簡単に解説しておきます。

①駐車料収入が1,000万円を超えるケース

　駐車料収入は通常の場合、消費税が課税されます。したがって、たとえアパマンの家賃収入が非課税だとしても駐車場をたくさん所有していれば消費税の納税義務が生じる場合があります。

②建物に係る消費税につき還付請求するケース

これについては「**消費税還付請求の重要ポイント**」(179 ページ)を参照して下さい。

> この場合には、たとえ課税売上高が僅かしかなくても、あえて消費税の課税事業者を選択することになります。

（業務委託料）

③不動産管理会社を設立して、その管理料が 1,000 万円を超えるケース

アパマンの家賃収入自体は非課税ですが、管理料（業務委託料）は課税売上げに該当します。

したがって、もし家賃収入の額が多く管理料がそれに比例して多くなり 1,000 万円を超えますと消費税の課税事業者になります。

ただし、消費税の課税事業者になるのがイヤなら、管理料率を下げるとか、管理する物件を減らすことで対応できます。

> このように管理料を下げることは比較的自由にできるんじゃ。

④建物を法人に売却するケース

消費税というのは2年前の基準期間における課税売上高が 1,000 万円を超えるか否かで納税義務の有無を判定します。

したがって、もし納税義務がある人が所得分散等を目的として法人に建物を売却する場合には、その売却収入も消費税の課税対象となりますので、ご注意下さい。

> だからといってビビルことはありません。

譲渡する側の個人に消費税がかかったとしても**購入する法人の側で消費税の還付請求をすれば良い**のです。ただし、還付請求をするためには法人側でそれなりの準備をしておく必要があります。

なお、その時の状況によっては、個人の側では消費税がかからず、一方の法人側では消費税を還付請求できるといったことも可能性としては十分考えられます。

要は頭の使い方1つなのです。したがって、できれば、こういったことを専門にしている会計事務所に依頼して万全を期すべきでしょう。

このようにアパマン経営者であっても消費税の申告をしなければならないケースがありますので、関連のある方は、これ以降の説明をよく理解し、消費税をマスターして下さい。

たとえ専門家に依頼する場合であっても、ポイントを理解していれば、チャンスをモノにできる確率が格段に増えるのです。勉強してソンすることは絶対にありません。

70の手習い…

❸ 消費税の申告はこうする！

(1) 課税事業者と免税事業者

　それではいよいよ消費税の中身についてご説明することとします。最初は消費税の申告についてです。消費税というのはモノとかサービスを消費した人（通常は購入した人）が支払うわけですが、納税はモノを販売したりサービスを提供した人が代わりに行なうことになっております。

　例えば、駐車場を借りている人が、駐車料については駐車場経営者に支払い、駐車料に係る消費税については税務署に支払うといったことはしません。**あくまで消費税込みの金額を駐車場経営者に支払い、駐車場経営者が税務署に申告・納税することになっています。**

　このように税金を負担する人が税務署に申告納税するのではなく、別の人が納税する税金のことを**間接税**と言います。これに対して所得税のように税金を負担する人自身が申告納税する税金のことを**直接税**と言います。

　ところで前記の駐車場経営者の場合、常に消費税を納税することになるのでしょうか？　例えば、駐車台数が1台しかなく、年間の駐車料もたかだか6万円（5,000円×12ヵ月）程度の人も消費税を納税する義務があるのかということです。

　6万円に係る消費税といったら3,000円（60,000円×5％）程度です。

こんなチッポケな消費税についていちいち納税する義務があるとなるとやはり大変です。

そこで現在は課税売上高が1,000万円超の人だけに納税義務を課しております。正確に言いますと、消費税の納税義務者は次のようになります。

<消費税の納税義務者(課税事業者)>

基準期間の　課税売上高が　1,000万円超　の個人事業者または法人

- 住宅家賃等の非課税売上高は含まない。
- 個人事業者は前々年(1～12月)　法人は前々期
- 税抜き金額で判定する。ただし、基準期間が免税事業者の場合には、その期間はそもそも消費税が課税されていないと考えるので税込み金額で判定することになる。

このように消費税の納税義務があるか否かは基準期間で判定することになるので、当該年度（申告する年度）の課税売上高がたとえ1,000万円を超えていても関係ありません。

例えば、基準期間の課税売上高が100万円の場合、当該年度の課税売上高が100億円であったとしても一切納税する必要がないのです。

税金というのは、ホントややこしいですね。

逆に基準期間の課税売上高が1,000万円を超えている場合には、たとえ当該期間の課税売上高が50万円しかなくても納税義務がありますので、ご注意下さい。

なお、基準期間の課税売上高が1,000万円以下であったとしても課税事業者を選択した場合には消費税を申告・納税する必要があります。

「そんなバカなことをする人がいるものか!」と叱られそうですが、建物に係る消費税を還付請求する場合には課税事業者でなければならないので、あえて課税事業者を選択するのです。

これについては179ページの「消費税還付請求の重要ポイント」をご覧下さい。

(2) 原則課税方式と簡易課税方式

　次は消費税額の計算方式について。消費税というのは一見簡単なようでいて、実際に納付税額を計算しようとすると意外と面倒だったりするのです。

　そこで私の事務所では会計事務所向けにパソコンソフトである「**新・消費税申告書作成システム**」を開発し、今でも販売しております。もう10年以上使っていますが、快適です。

　このソフトはお陰様で日本税理士協同組合連合会の推奨ソフトに選ばれました。

さりげなく自社の宣伝をしていたりして…

　それはさておき、この消費税の計算方式には次の2つの方式があります。

〈消費税の計算方式〉

原則課税方式	課税売上げに係る消費税額から、課税仕入れに係る消費税額を控除して納付税額を計算する方式 ※申告書および付表は「一般用」を使用する
簡易課税方式	課税売上げに係る消費税額から、その額に所定の「みなし仕入率」を乗じて計算した額を控除して納付税額を計算する方式 ※申告書および付表は「簡易課税用」を使用する

　このように、簡易課税方式の場合には課税売上高に係る消費税額だけを計算すれば、実際の課税仕入れに係る消費税額を計算することなく納付税額を計算できます。

　したがって、消費税についてあまり詳しくない方には非常に便利な方式であると言えます。

ただし、この簡易課税方式（制度）を適用するためには次の2つの要件を充足する必要があります。

〈簡易課税方式を適用する場合の2つの要件〉

① 基準期間(個人事業者の場合は前々年、法人の場合には前々期)における課税売上高が 5,000 万円以下であること

② 「消費税簡易課税制度選択届出書」を、その選択しようとする課税期間が開始する前に所轄税務署に提出すること

このように、簡易課税方式を適用するためには上記2つの要件を充足する必要がありますし、いったん簡易課税方式を選択しますと2年間は原則課税方式に戻ることができません。

また、簡易課税方式の場合、消費税額の計算は簡単なのですが、実際の課税仕入れに係る消費税額に関係なく常に一定の消費税額を納付することになります。

つまり、

> 多額の設備投資(貸ビル等を建設するとか購入すること)をしても、簡易課税の場合には仕入れに係る消費税額を還付してもらうことは一切できない

ということです。

このようなことから、たとえ簡易課税方式の適用要件を満たしていたとしても、損得をよく計算した上で選択する必要があります。

(3) 個別対応方式と一括比例配分方式

　それでは次に原則課税方式を選択した場合の課税仕入れに係る消費税の計算方法についてご説明します。少し分かりづらいとは思いますが、消費税が関係する人は気合を入れて勉強して下さい。

　ところで原則課税方式の場合には上述したように課税売上げに係る消費税額から、課税仕入れに係る消費税額を控除して納付税額を計算しますが、そのうち課税仕入れに係る消費税額は次のように計算します。

〈課税仕入れに係る消費税額の計算方法〉

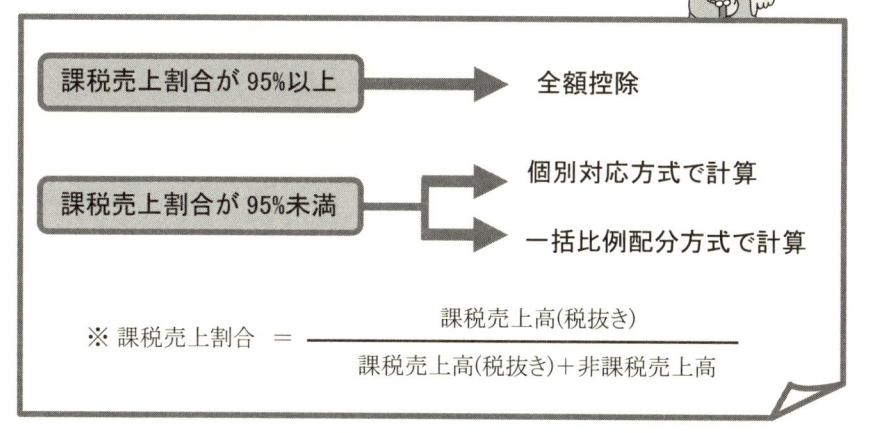

- 課税売上割合が95％以上 → 全額控除
- 課税売上割合が95％未満 → 個別対応方式で計算
　　　　　　　　　　　　　→ 一括比例配分方式で計算

$$※\ 課税売上割合 = \frac{課税売上高(税抜き)}{課税売上高(税抜き)+非課税売上高}$$

　つまり課税売上割合が95％以上の場合には課税仕入れに係る消費税は、それが課税売上げに対するものであろうと、あるいは非課税売上げに対するものであろうと、その全額を控除することができます。

　つまり**仕入れに係る消費税は全額を控除できる**ということです。これについては売上げが10兆円の超巨大企業の場合であっても適用されます。

　当然ながら、このような企業の場合には、たとえ5％であったとしても仕入れに係る消費税は巨額になりますが、現在の税制では全額を控除できるのです。

　これについては益税だということで、いろいろ批判されておりますが、未だに改正されておりません。

> マスコミなんかもこういうところをもっと主張すべきだと思うのですが、なんかずれています。

次は課税売上割合が 95％未満のケースです。これについては個別対応方式か一括比例配分方式のいずれかから選択します。

---

①個別対応方式

課税仕入れに係る消費税額を、課税売上げだけに対応するもの、課税売上げと非課税売上げに共通するもの、非課税売上げだけに対応するものに分け、次の計算式で計算した額を控除対象仕入れ税額とする方法

| 課税売上げに対応する仕入れ税額 | ＋ | 課税売上げ・非課税売上げに共通の仕入れ税額 | × | 課税売上割合 |

②一括比例配分方式

課税仕入れに係る消費税額を、個別対応方式のように分類しないで単純に仕入れ税額に課税売上割合をかけて求める方法

| 仕入れ税額 | × | 課税売上割合 |

ところで原則課税方式の場合、いずれの方式で計算するかは任意なのですが、いったん一括比例配分方式を選択しますと２年間は個別対応方式に変更することはできませんので、ご注意下さい(特に届出は必要ありません)。

反対に、個別対応方式を採用した場合には、いつでも一括比例配分方式に変更することができます。

以上で消費税の申告に係る説明は終わりますが、実際の申告書の書き方については169ページ以降に記載しておりますので、ご覧下さい。

④ 税込み経理と税抜き経理の違いをしっかりマスターしよう！

次は「税込み経理」と「税抜き経理」の違いについてご説明いたします。

ここでいう「税込み」とか「税抜き」の「税」とは消費税のことを指しています。

> 要するに消費税を含めた金額で会計処理するのか、あるいは本体の取引と消費税の取引とを分けて処理するのかということです。

以下に具体例でご説明します。まずは 収入 に関する仕訳事例です。

なお、複式簿記について詳しくない方は、事前に**第7章「アパマン経理と複式簿記」**をシッカリと理解しておいて下さい。

●税込み経理の場合

借　方		貸　方	
普通預金	78,100	家賃収入	62,000
		共益費収入	3,500
		駐車料収入	12,600
合　計	78,100	合　計	78,100

●税抜き経理の場合

借　方		貸　方	
普通預金	78,100	家賃収入	62,000
		共益費収入	3,500
		駐車料収入	12,000
		仮受消費税等	600
合　計	78,100	合　計	78,100

まずは「**税込み経理**」。家賃収入 62,000 円、共益費収入 3,500 円、駐車料収入 12,600 円の合計額 78,100 円が普通預金の口座に振り込まれたときの仕訳です。

次は「**税抜き経理**」の場合。税込み経理の場合と異なるのは駐車料収入と仮受消費税等です。このうち駐車料収入の金額が 600 円違っています。これは駐車料に係る消費税です。

このように税抜き経理の場合には本体の取引と消費税の取引は別々に処理します。そして消費税については**仮受消費税等**という勘定科目を使用します。「仮受」というのは「仮受金」の一種であるということを意味しています。

つまり、いただいた消費税は

「仮にいただいただけ」であり、「まもなく税務署に納税するもの」である

という意味です。

また、「消費税等」の「等」ですが、これは**地方消費税**のことを指しています。消費税の税率は５％となっていますが、これは国の収入となる消費税４％と地方公共団体の収入となる地方消費税の１％の合計です。

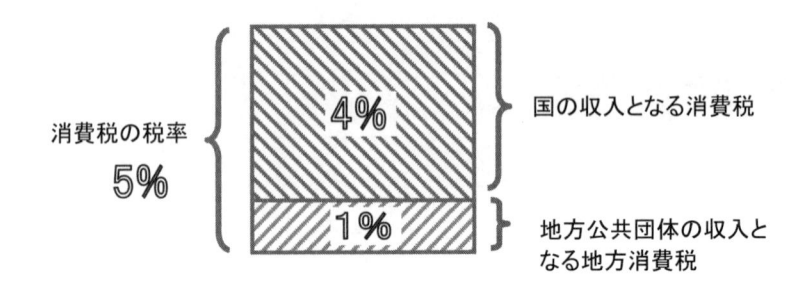

消費税の税率 5%
- 4% 国の収入となる消費税
- 1% 地方公共団体の収入となる地方消費税

それでは次に、経費の支払に関する仕訳事例についてご説明いたします。次の仕訳をご覧下さい。

● 税込み経理の場合

借　　方		貸　　方	
建物附属設備	119,700	普通預金	120,435
支払手数料	735		
合　計	120,435	合　計	120,435

● 税抜き経理の場合

借　　方		貸　　方	
建物附属設備	114,000	普通預金	120,435
仮払消費税等	5,700		
支払手数料	700		
仮払消費税等	35		
合　計	120,435	合　計	120,435

まずは「税込み経理」。

建物附属設備(ex.風呂釜)を購入して、その代金119,700円を後日、普通預金から振り込んで支払ったが、同時に振込手数料735円が引き落とされたという事例です。格別、説明するような点はないと思います。

次は「税抜き経理」の場合。

建物附属設備が114,000円となっていますが、これは本体価格です。これに係る消費税5,700円が仮払消費税等として別途計上されています。
先程の駐車料収入の場合には仮受消費税等という科目が使われていましたが、今度は　仮払消費税等となっています。

167

「仮払」というのは「仮払金」の一種であるということを意味しています。つまり、今回支払った消費税は仮に支払ったものですから、仮受消費税等から控除して納税しますよ、ということです。

いかがですか？　税込み経理についてはだいたい分かるが、税抜き経理についてはかなりややこしいといった感じでしょうか？

> でも心配御無用！
> パソコンソフトがあればいたって簡単。

その理由は税込み金額を入力すればコンピュータのほうで勝手に税抜き経理の仕訳処理をしてくれるからです。

あるいは、税込み金額を入力すれば税込み経理と税抜き経理の両方の仕訳データを作成してくれるといったほうがいいかも知れません。

なお、**消費税の免税事業者の場合には税込み経理方式しか認められておりません。**免税事業者ということは消費税を納税する義務がないということですから、消費税を別建て処理するやり方は論理的にありえないということです。

⑤ 計算例で申告書を理解する

　以上で計算の仕組みについての大枠は何となく理解できたと思いますので、次に具体的事例でご説明します。感覚的に分かっても、イザ計算しようとするとできない場合が多いのは世の常だからです。

　なお、アパマン経営の場合には原則課税方式のうち、個別対応方式については実際上利用するケースが少ないので（メリットがないということ）、ここでは**一括比例配分方式**と**簡易課税方式**についてだけ計算しておきます。

　まず**計算の前提条件**から。

計算の前提条件 ･･･1年間の収支状況

（単位：円）

項　目		税抜き金額	消費税	合　計
（売上）収入	家賃収入(住宅)	28,000,000	0	28,000,000
	共益費収入(住宅)	2,000,000	0	2,000,000
	駐車料収入	10,000,000	500,000	10,500,000
	合　計	40,000,000	500,000	40,500,000
（仕入）支出	借入金元金返済額	15,000,000	0	15,000,000
	支払利息	3,000,000	0	3,000,000
	固定資産税	1,000,000	0	1,000,000
	管理費	2,000,000	100,000	2,100,000
	業務委託料	4,000,000	200,000	4,200,000
	修繕費	3,000,000	150,000	3,150,000
	合　計	28,000,000	450,000	28,450,000
差引：収支		12,000,000	50,000	12,050,000

| 収入 | 家賃収入と共益費収入の合計が 3,000 万円 | ここではアパートとか賃貸マンションを前提にしておりますので消費税は課税されておりません。 |

| 収入 | 駐車料収入 | 駐車料の場合、通常は消費税が課税されますので、駐車料収入 10,500,000 円のうち消費税は 500,000 円ということになります。 |

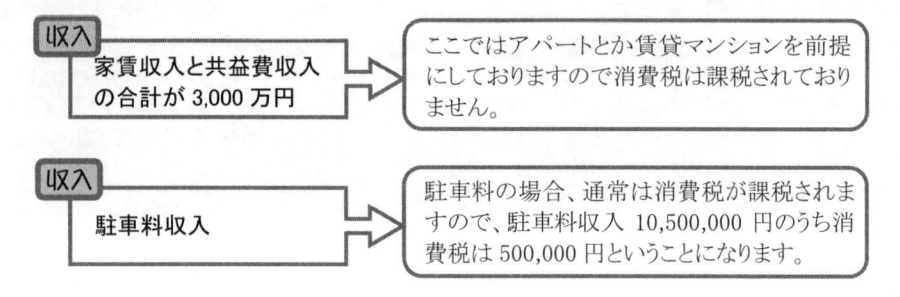

以上は収入の内訳です。なお、消費税の場合、収入を売り上げに分類しますので、誤解を防ぐため、「収入(売上)」として表示しています。

次は支出です。支出の場合も同様、消費税の場合には仕入れに分類しますので、「支出(仕入)」として分かりやすく表示しています。

ところで仕入れの場合にも消費税が課税されるものと課税されないものに分かれます。ここでは代表的な 6つ の項目についてご説明いたします。

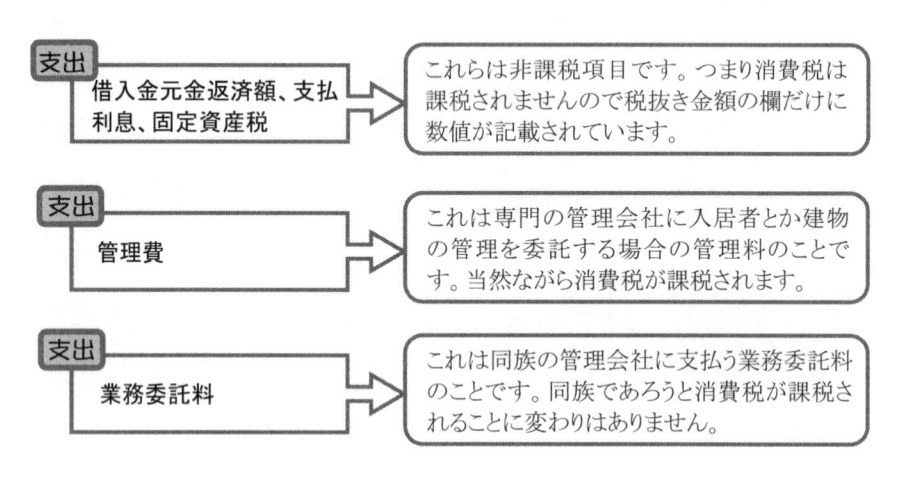

| 支出 | 借入金元金返済額、支払利息、固定資産税 | これらは非課税項目です。つまり消費税は課税されませんので税抜き金額の欄だけに数値が記載されています。 |

| 支出 | 管理費 | これは専門の管理会社に入居者とか建物の管理を委託する場合の管理料のことです。当然ながら消費税が課税されます。 |

| 支出 | 業務委託料 | これは同族の管理会社に支払う業務委託料のことです。同族であろうと消費税が課税されることに変わりはありません。 |

そして最後は修繕費ですが、3,150,000 円となってします。したがって、支出(仕入)合計は税込みで 28,450,000 円となります。

以上を前提に、消費税の計算をしてみます。まずは簡易課税方式から。

簡易課税方式の場合の計算

● 課税標準額に対する消費税額

（課税売上高）
$$10,500,000 \text{円} \times \frac{100}{105} = 10,000,000 \text{円}$$

◀ 課税売上高の税抜き金額が課税標準額です。なお、簡易課税方式の場合、非課税売上高は無視します。

（課税標準額）
$$\therefore 10,000,000 \text{円} \times \frac{4}{100} = 400,000 \text{円} \cdots (イ)$$

◀ 課税標準額の4%が消費税額となります。地方消費税額(1%分)は、この段階では計算しません。

● 控除対象仕入れ税額

$$400,000 \text{円} \times 50\% = 200,000 \text{円} \cdots (ロ)$$

◀ 課税標準額に対する消費税額に、業種毎に決められた所定の割合(みなし仕入率)を乗じて控除対象仕入税額を計算します。
なお、不動産賃貸業は第五種事業に該当し、みなし仕入率は50%です。

● 納付税額

・消費税額
　＝（イ）－（ロ）＝200,000 円

◀ このように消費税額は課税標準額に対する消費税額から控除対象仕入れ税額を差し引いて求めます。

・地方消費税額
　＝ 消費税額 × 25% ＝ 50,000 円

　　　　　　∴ 250,000 円

◀ 地方消費税額は最終的に算定された消費税額に25%をかけて求めます。

簡易というだけのことはあるな‥‥

原則課税方式(一括比例配分方式)の計算

● 課税売上割合の計算

$$= \frac{課税売上高(税抜き)}{課税売上高(税抜き)+非課税売上高}$$

$$= \frac{10{,}500{,}000 円 \times \frac{100}{105}}{10{,}500{,}000 円 \times \frac{100}{105} + 30{,}000{,}000 円} = 25\%$$

◀ 原則課税方式の場合には、まず課税売上割合を計算する必要があります。この課税売上割合で課税仕入れに係る消費税額を按分することになるからです。

● 課税仕入れに係る消費税額

(課税仕入高)
$9{,}450{,}000 円 \times \frac{4}{105} = 360{,}000 円$

◀ この課税仕入高 9,450,000 円は管理費、業務委託料、修繕費の合計です。

● 一括比例配分方式による控除税額

$360{,}000 円 \times 25\% = 90{,}000 円 \cdots$(ハ)

◀ 一括比例配分方式の場合は、このように課税仕入れに係る消費税額に課税売上割合をかけて求めます。

● 課税標準額に対する消費税額

(課税売上高)
$10{,}500{,}000 円 \times \frac{100}{105} = 10{,}000{,}000 円$

(課税標準額)
$\therefore 10{,}000{,}000 円 \times \frac{4}{100} = 400{,}000 円 \cdots$(ニ)

◀ 課税標準額に対する消費税額の計算は簡易課税方式の場合と同じです。

● 納付税額

・消費税額
　= (ニ) − (ハ) = 310,000 円
・地方消費税額
　= 消費税額 × 25% = 77,500 円
　　　　　　　　∴ 387,500 円

◀ 納付税額の計算方法も簡易課税方式と同じです。

差額にして
137,500 円です。

このように消費税と地方消費税の合計額は**簡易課税方式の場合で 250,000 円、原則課税方式の場合で 387,500 円**となります。

いずれを選択するかによって税額にかなりの違いが生じることになりますので、実務上は慎重に選ぶ必要があります。

なお、次ページ以降に実際の申告書を掲載しておきましたので、ご参考にして下さい。

簡易課税方式の場合

（申告書）

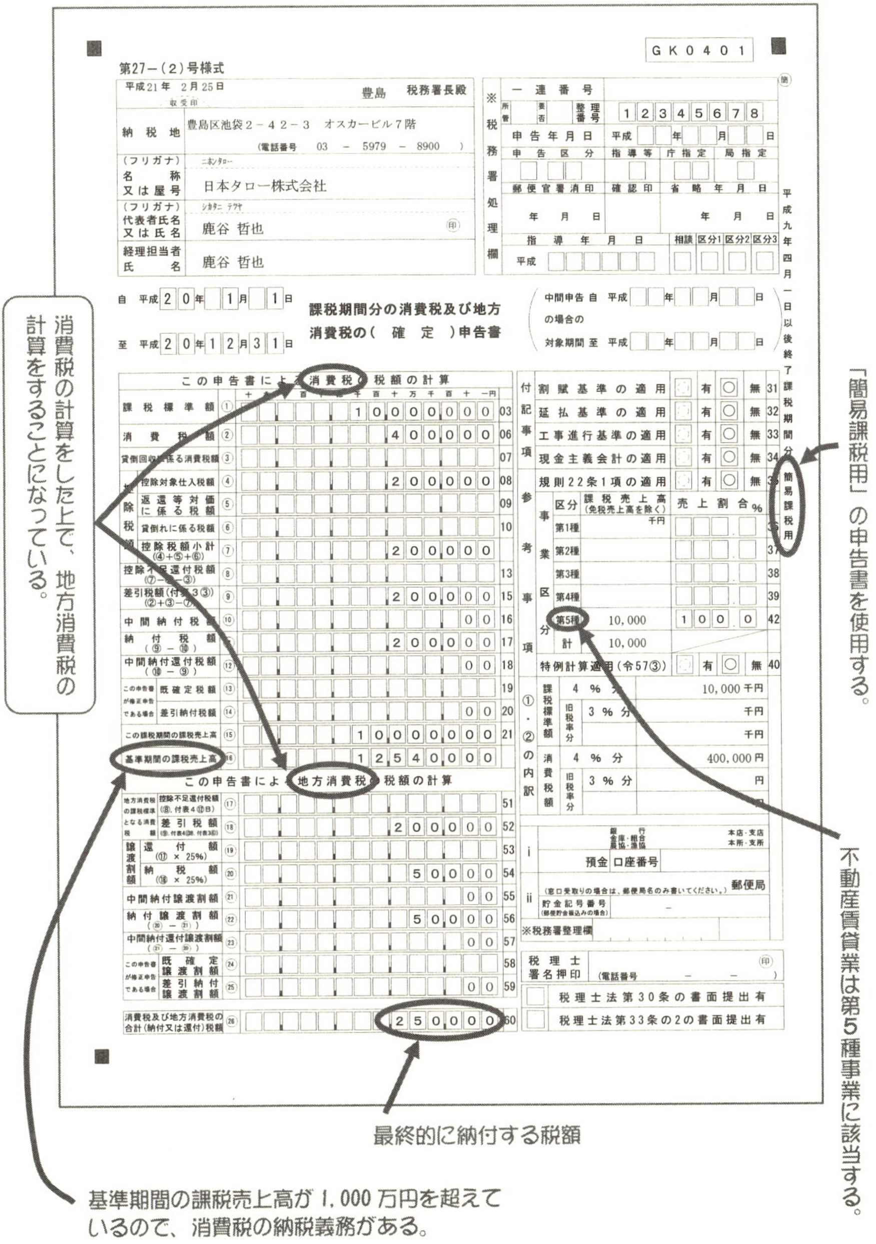

消費税の計算をした上で、地方消費税の計算をすることになっている。
「簡易課税用」の申告書を使用する。
不動産賃貸業は第5種事業に該当する。
最終的に納付する税額
基準期間の課税売上高が1,000万円を超えているので、消費税の納税義務がある。

GK0401

第27-（2）号様式

平成21年 2月25日 収受印　豊島 税務署長殿

納税地	豊島区池袋2－42－3 オスカービル7階（電話番号 03 － 5979 － 8900）
（フリガナ）	ニホンタロー
名称又は屋号	日本タロー株式会社
（フリガナ）	シカタニ テツヤ
代表者氏名又は氏名	鹿谷 哲也 ㊞
経理担当者氏名	鹿谷 哲也

※税務署処理欄：一連番号／所管・要否・整理番号 12345678／申告年月日 平成 年 月 日／申告区分・指導等・庁指定・局指定／郵便官署消印・確認印・省略 年月日／指導年月日 平成・相談・区分1・区分2・区分3

自 平成20年1月1日　至 平成20年12月31日　課税期間分の消費税及び地方消費税の（確定）申告書

中間申告の場合の対象期間 自 平成 年 月 日 至 平成 年 月 日

平成九年四月一日以後終了課税期間分（簡易課税用）

この申告書による消費税の税額の計算

	項目	金額	
①	課税標準額	10000000	03
②	消費税額	400000	06
③	貸倒回収に係る消費税額		07
④	控除対象仕入税額	200000	08
⑤	返還等対価に係る税額		09
⑥	貸倒れに係る税額		10
⑦	控除税額小計（④+⑤+⑥）	200000	
⑧	控除不足還付税額（⑦－②－③）		13
⑨	差引税額（付表3③）（②+③－⑦）	200000	15
⑩	中間納付税額	00	16
⑪	納付税額（⑨－⑩）	200000	17
⑫	中間納付還付税額（⑩－⑨）	00	18
⑬	この申告書が修正申告である場合 既確定税額		19
⑭	この申告書が修正申告である場合 差引納付税額	00	20
⑮	この課税期間の課税売上高	10000000	21
⑯	基準期間の課税売上高	12540000	

この申告書による地方消費税の税額の計算

	項目	金額	
⑰	地方消費税の課税標準となる消費税額 控除不足還付税額（⑧、付表4⑫B）		51
⑱	差引税額（⑨、付表4⑬B、付表3⑤）	200000	52
⑲	譲渡割額 還付額（⑰×25%）		53
⑳	譲渡割額 納税額（⑱×25%）	50000	54
㉑	中間納付譲渡割額	00	55
㉒	納付譲渡割額（⑳－㉑）	50000	56
㉓	中間納付還付譲渡割額（㉑－⑳）	00	57
㉔	この申告書が修正申告である場合 既確定譲渡割額		58
㉕	この申告書が修正申告である場合 差引納付譲渡割額	00	59
㉖	消費税及び地方消費税の合計（納付又は還付）税額	250000	60

付記事項

項目	有	無	
割賦基準の適用		○	31
延払基準の適用		○	32
工事進行基準の適用		○	33
現金主義会計の適用		○	34
規則22条1項の適用		○	35

参考事項

事業区分	課税売上高（免税売上高を除く）千円	売上割合％	
第1種			36
第2種			37
第3種			38
第4種			39
第5種	10,000	100.0	42
計	10,000		

特例計算適用（令57③）　有　無○　40

①・②の内訳

課税標準額	4%分	10,000千円
	旧税率分 3%分	千円
		千円
消費税額	4%分	400,000円
	旧税率分 3%分	円

銀行・金庫・組合・農協・漁協　本店・支店・本所・支所　預金 口座番号

（窓口受取りの場合は、郵便局名のみ書いてください。）郵便局　貯金記号番号（郵便貯金振込みの場合）

※税務署整理欄

税理士署名押印（電話番号 － － ）㊞

税理士法第30条の書面提出有

税理士法第33条の2の書面提出有

(申告書の付表5)

付表5 控除対象仕入税額の計算表

[簡易]

| 課税期間 | 20・1・1 ～ 20・12・31 | 氏名又は名称 | 日本タロー株式会社 |

項　目		金　額
課税標準額に対する消費税額（申告書②欄の金額）	①	400,000 円
貸倒回収額に係る消費税額（申告書③欄の金額）	②	
売上対価の返還等に係る消費税額（申告書⑤欄の金額）	③	
控除対象仕入税額計算の基礎となる消費税額（①+②-③）	④	400,000
1種類の事業の専業者の場合〔控除対象仕入税額〕 ④×みなし仕入率（90%・80%・70%・60%・**50%**）	⑤	200,000

不動産賃貸業の場合の「みなし仕入率」は50％であるから、この50％をかけて控除対象仕入税額を計算する。

2種類以上の事業に係る消費税額の計算

区　分		事業区分別の課税売上高（税抜き）		売上割合	左の課税売上高に対する消費税額	
事業区分別の合計額	⑥		円	⑫	(⑥×4%)	円
第一種事業（卸売業）	⑦			⑬ %	(⑦×4%)	
第二種事業（小売業）	⑧			⑭	(⑧×4%)	
第三種事業（製造業等）	⑨			⑮	(⑨×4%)	
第四種事業（その他）	⑩			⑯	(⑩×4%)	
第五種事業（サービス業等）	⑪			⑰	(⑪×4%)	

2種類以上の業務を兼業する場合には、「みなし仕入率」が異なるので、ここでその計算をすることになっている。

控除対象仕入税額の計算式区分	算出額
原則計算を適用する場合 ④×みなし仕入率〔(⑬×90%+⑭×80%+⑮×70%+⑯×60%+⑰×50%)／⑫〕 ⑱	円
特例計算を適用する場合 — 1種類の事業で75%以上 (⑦/⑥・⑧/⑥・⑨/⑥・⑩/⑥・⑪/⑥)≧75% ④×みなし仕入率（90%・80%・70%・60%・50%） ⑲	
2種類の事業を適用する場合で75%以上	(⑦+⑧)/⑥≧75% ④×(⑬×90%+(⑫-⑬)×80%)／⑫ ⑳
	(⑦+⑨)/⑥≧75% ④×(⑬×90%+(⑫-⑬)×70%)／⑫ ㉑
	(⑦+⑩)/⑥≧75% ④×(⑬×90%+(⑫-⑬)×60%)／⑫ ㉒
	(⑦+⑪)/⑥≧75% ④×(⑬×90%+(⑫-⑬)×50%)／⑫ ㉓
	(⑧+⑨)/⑥≧75% ④×(⑭×80%+(⑫-⑭)×70%)／⑫ ㉔
	(⑧+⑩)/⑥≧75% ④×(⑭×80%+(⑫-⑭)×60%)／⑫ ㉕
	(⑧+⑪)/⑥≧75% ④×(⑭×80%+(⑫-⑭)×50%)／⑫ ㉖
	(⑨+⑩)/⑥≧75% ④×(⑮×70%+(⑫-⑮)×60%)／⑫ ㉗
	(⑨+⑪)/⑥≧75% ④×(⑮×70%+(⑫-⑮)×50%)／⑫ ㉘
	(⑩+⑪)/⑥≧75% ④×(⑯×60%+(⑫-⑯)×50%)／⑫ ㉙
〔控除対象仕入税額〕（選択可能な計算方式による⑱～㉙の内から選択した金額）	㉚

注意　1　金額の計算においては、1円未満の端数を切り捨てる。
　　　2　課税売上げにつき返品を受け又は値引き・割戻しをした金額（売上対価の返還等の金額）があり、売上（収入）金額から減算しない方法で経理して経費に含めている場合には、⑦から⑪の欄にはその売上対価の返還等の金額（税抜き）を控除した後の金額を記入する。

第6章 消費税の還付請求は、こうする！

原則課税方式（一括比例配分方式）の場合

（申告書）

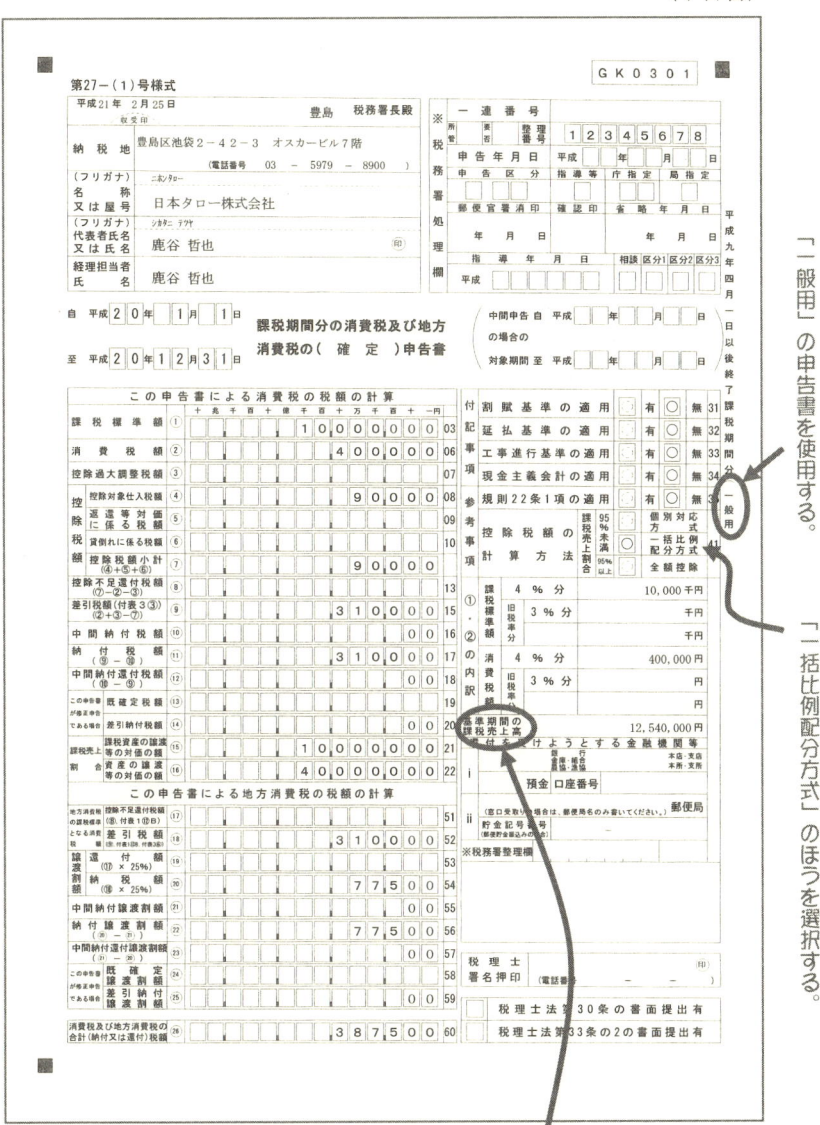

原則課税方式の場合は、ここに基準期間の課税売上高を記入する。

「一般用」の申告書を使用する。

「一括比例配分方式」のほうを選択する。

175

原則課税方式の場合は、最初に課税売上割合を計算することになる。

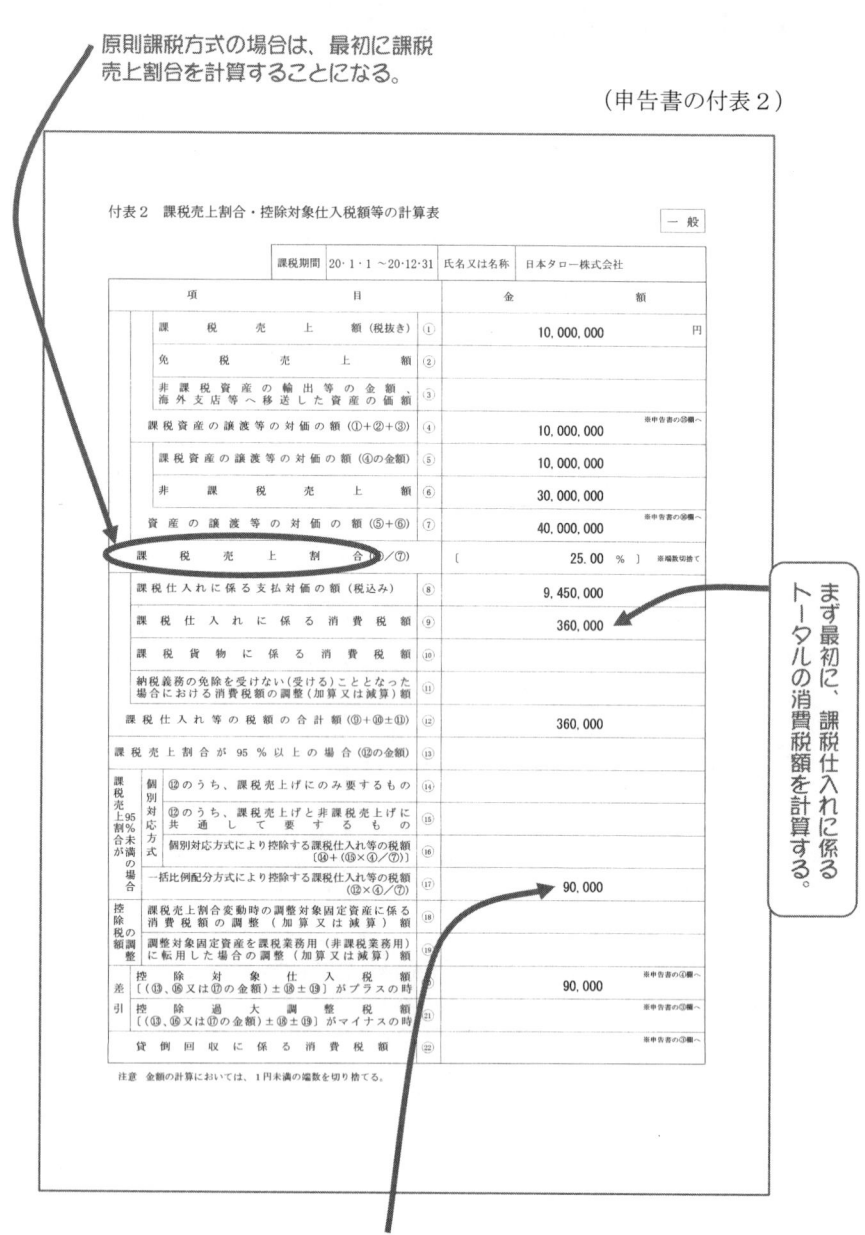

（申告書の付表2）

付表2　課税売上割合・控除対象仕入税額等の計算表　　一般

| 課税期間 | 20・1・1 ～ 20・12・31 | 氏名又は名称 | 日本タロー株式会社 |

項目		金額
課税売上額（税抜き）	①	10,000,000 円
免税売上額	②	
非課税資産の輸出等の金額、海外支店等へ移送した資産の価額	③	
課税資産の譲渡等の対価の額（①+②+③）	④	10,000,000
課税資産の譲渡等の対価の額（④の金額）	⑤	10,000,000
非課税売上額	⑥	30,000,000
資産の譲渡等の対価の額（⑤+⑥）	⑦	40,000,000
課税売上割合（④/⑦）		25.00 % ※端数切捨
課税仕入れに係る支払対価の額（税込み）	⑧	9,450,000
課税仕入れに係る消費税額	⑨	360,000
課税貨物に係る消費税額	⑩	
納税義務の免除を受けない(受ける)こととなった場合における消費税額の調整（加算又は減算）額	⑪	
課税仕入れ等の税額の合計額（⑨+⑩±⑪）	⑫	360,000
課税売上割合が95％以上の場合（⑫の金額）	⑬	
課税売上割合95％未満の場合　個別対応方式　⑫のうち、課税売上げにのみ要するもの	⑭	
⑫のうち、課税売上げと非課税売上げに共通して要するもの	⑮	
個別対応方式により控除する課税仕入れ等の税額 〔⑭+(⑮×④/⑦)〕	⑯	
一括比例配分方式により控除する課税仕入れ等の税額（⑫×④/⑦）	⑰	90,000
控除税額の調整　課税売上割合変動時の調整対象固定資産に係る消費税額の調整（加算又は減算）額	⑱	
調整対象固定資産を課税業務用（非課税業務用）に転用した場合の調整（加算又は減算）額	⑲	
控除対象仕入税額 〔(⑬、⑯又は⑰の金額)±⑱±⑲〕がプラスの時	⑳	90,000
控除過大調整税額 〔(⑬、⑯又は⑰の金額)±⑱±⑲〕がマイナスの時	㉑	
貸倒回収に係る消費税額	㉒	

注意　金額の計算においては、1円未満の端数を切り捨てる。

まず最初に、課税仕入れに係るトータルの消費税額を計算する。

課税仕入れに係るトータルの消費税額に課税売上割合をかけて控除税額を計算する。

176

⑥ こんなに違う！ 所得税との相違点

それでは次に消費税と所得税の違いについて比較形式でまとめておきます。比較することによって、それぞれの特徴点が明確に浮かび上がってくると思われるからです。

〈消費税と所得税の相違点〉

①申告期限

消費税	所得税
翌年の1月1日～3月31日	翌年の2月16日～3月15日

※所得税の申告期限が翌年の2月16日～3月15日であることはほとんどの方がご存じですが、消費税の申告期限が翌年の3月31日であることは意外と知られておりません。

※消費税について課税期間の特例を受けている場合には原則として各課税期間から2ヵ月以内です。

②税率

消費税	所得税
4%	5% ～ 40%

※消費税の税率は現在 4%です(次ページの⑤参照)。一方、所得税の場合は 5%、10%、20%、23%、33%、40%の 5 段階になっています。このように所得税の税率のほうが消費税よりも高いからといって税額まで多いとは限りません。所得税がゼロであっても消費税がプラスになることはよくあることです。

③損金算入の可否

消費税	所得税
損金に算入できる	損金に算入できない

※消費税は支払ったときに損金に算入できます。損金に算入できるということは、それだけ所得が減るということですから、実質の税率はもっと下がるのです。このように税金には損金に算入できるものとできないものがあります。

損金に算入できる税金
消費税、事業税、固定資産税、登録免許税、不動産取得税、印紙税等

損金に算入できない税金
所得税、法人税、住民税、延滞税、各種加算税等

④所得分割の有無

消費税	所得税
所得を分割しないで合算して計算する	10種類の所得に分割して別々に計算する

※所得税の場合には所得を全部で10種類(給与所得、事業所得、不動産所得、退職所得等)に分割して、それぞれ別々に計算しますが、消費税の場合にはこのように分割するということはしません。例えば、事業所得と不動産所得の両方がある場合、それぞれの課税売上高、課税仕入高を合算して消費税の額を計算することになっているのです。

⑤地方税の申告

消費税	所得税
消費税と一緒に税務署に申告する	住民税は市町村役場に申告する

※消費税の税率は4%です。「あれ、5%ではないの?」と疑問に思われる方がいらっしゃるかも知れませんが、消費税の税率は4%なのです。残りの1%は地方消費税です。つまり消費税と地方消費税を合わせて5%というわけです。ただし、申告は両方とも税務署に対して行ないます。一方、地方税である住民税は原則として市町村役場に申告することになります(申告書自体は所得税に関するものと一緒に税務署に提出しますが、税務署がまとめて各市町村役場に送付することになる)。

7 消費税還付請求の重要ポイント

> それでは次に、建物に係る消費税について還付請求する場合の注意点についてご説明いたします。

　貸ビルとか貸店舗を建設した場合には当然ながら還付請求できるのですが、アパートとかマンションの場合には家賃収入が非課税なので、本来であれば還付請求できません。

　その理由を先程の計算例で確認してみましょう。172ページの課税売上割合をご覧下さい。計算式の分子が課税売上高（税抜き）となっています。

　したがって、もし課税売上高がゼロ(0)だとすると当然ながら分子はゼロですから、計算結果である課税売上割合も　ゼロ　となります。

　そして課税売上割合がゼロの場合には、一括比例配分方式による控除税額は当然ながら　ゼロ　ということになるわけです。

　それでは、先程の計算例で、家賃収入、共益費収入ともにゼロで、駐車料収入があるだけの場合はどうでしょうか？

　この場合には課税売上割合が100％となり、**仕入れに係る消費税額を全額控除できる**ことになります。このように**控除税額を増やすためには課税売上割合を高くすることが重要なポイントになる**ということがお分かりいただけたと思います。

　課税割合を高く！　じゃよ。

ところで課税売上割合を計算する場合の課税売上高とか非課税売上高は年間の合計額です。したがって、例えば、年の途中に建物が完成し家賃収入が発生した場合には、それらの家賃収入も当然ながら合算することになります。

そうしますと、計算式の分母の金額がそれだけ多くなりますので、必然的に課税売上割合が低くなってしまいます。

$$\frac{分子}{分母}$$ ⇒ 課税売上割合が低くなる
分母が多くなる

そこで実務的には、年末に完成するように計画したり、3月末に完成する場合には課税期間の特例を利用したりするケースがあります。

この場合の課税期間の特例というのは要するに年間を4回に分けて申告するというものです(12回というのもあるにはありますが、あまりにも手間がかかり過ぎますのでお奨めしません)。

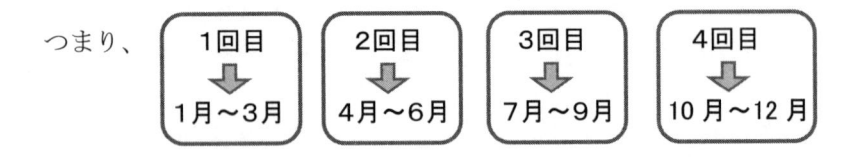

つまり、

1回目	2回目	3回目	4回目
⇩	⇩	⇩	⇩
1月〜3月	4月〜6月	7月〜9月	10月〜12月

に分けて申告するわけです(実際の申告はそれぞれ2ヵ月後が期限です。ただし4回目だけは翌年の3月末)。

そうしますと、3月末に完成した場合、1月〜3月の期間には家賃収入はほとんど発生しませんので、必然的に課税売上割合が高くなるというワケです。

ただし、この課税期間の特例を申請した場合には少なくとも2年間は継続する必要がありますので、ご注意下さい。

2年間は継続！

それでは、これらの対策によってどれほどのメリットを享受できるのでしょうか？具体例で見てみましょう。ここでは年末に完成させるプランで計算してみます。

なお課税売上がないと、当然ながら課税売上割合はゼロになりますので、ここでは駐車料収入が別途あるものとします。

また、年末といっても実際上は12月25日頃でしょうから、12月31日までの日割り家賃を貰うのが普通です。

〈計算の前提条件〉

- 建築費 ……… 1億500万円(うち消費税500万円)
- 駐車料収入 … 10万円 × 12ヵ月 ＝ 1,200,000円
- 家賃収入
  ・日割り家賃 … 50万円 × 7日 ÷ 31日 ＝ 112,903円
  ・前受け家賃 ……………… 500,000円
- 礼金収入(1ヵ月分) ………… 500,000円
- 敷金(2ヵ月分) ……………… 1,000,000円
  (消費税の計算には関係なし)

以上を前提に課税売上割合を計算しますと次のようになります。

$$課税売上割合 = \frac{課税売上高(税抜き)}{課税売上高(税抜き)+非課税売上高}$$

$$= \frac{1,200,000円}{1,200,000円＋1,112,903円} = 51.88\%$$

したがって、還付消費税は次のように259万4,000円となります。

還付消費税 ＝ 500万円 × 51.88% ＝ 259万4,000円

いかがですか？　まあまあですか？　もし3月末頃に完成・引渡しがあったにもかかわらず課税期間の特例を受けていない場合には3月末から12月31日までの家賃収入が課税売上割合の計算に算入されますので、それと比較すると還付消費税の額は格段に多くなります。

> でも、これではイマイチですね。
> 非課税売上高をゼロにできれば全額を還付請求できるのに！

　そこで非課税売上高の内訳をジッと睨みつけます。そうすると、すぐに**前受け家賃**という言葉が目に入ると思います。

> 前受け家賃ということは
> 今期の収入として計上しなくてもいいのでは？

　いいところに気が付きました。その通りです。翌月分の家賃は前受収益として翌期に繰り延べることができます（226ページ参照）。

> それでも日割り家賃と礼金収入が邪魔ですね。邪魔なものは消せ、とばかりに貰わなければどうなるでしょうか？

　最近は貸ビル等でフリーレントが流行っていますが、日割り家賃をサービスすれば少しは還付税額が多くなります（この場合、賃貸契約はあくまで1月1日からとする）。

　それでは礼金はどうでしょうか？　これについては思案のしどころです。貰わなければ消費税が丸々戻ってくるのに、貰うと逆に少なくなる。頭を抱えてしまいますね。

　ところで、礼金収入についても前受け家賃と同じく翌期の収入とすることができるのではないかという考え方が蔓延しているようですが、これは大きな誤りです。以下、この点について詳細に検討しておくこととします。

　実は全国の様々な税理士のホームページを拝見したのですが、礼金も家賃と同じように前受金処理できるというように書いているのです。

その根拠としているのが次の**所得税基本通達36-6**の下線を引いている箇所です。

> (頭金、権利金等の収入すべき時期)
> 36－6　不動産等の貸付け(貸付契約の更新及び地上権等の設定その他他人に不動産等を使用させる行為を含む。以下 36－7 までにおいて同じ。)をしたことに伴い一時に収受する頭金、権利金、名義書換料、更新料等に係る不動産所得の総収入金額の収入すべき時期は、当該貸付けに係る契約に伴い当該貸付けに係る資産の引渡しを要するものについては当該引渡しのあった日、引渡しを要しないものについては当該貸付けに係る契約の効力発生の日によるものとする。<u>ただし、引渡しを要するものについて契約の効力発生の日により総収入金額に算入して申告があったときは、これを認める。</u>
>
> **解説**
>
> 　不動産等を貸し付けたことにより賃貸人が支払を受ける一時金の中には、一定要件に該当する借地権等の設定の対価として譲渡所得になるものと不動産所得になるものとがある。
>
> 　このうち、譲渡所得になるものの収入金額の計上時期については、基通 36－12 で、貸付資産の引渡しがあった日によることを原則とし、契約効力発生の日によることも認めているため、本通達は例えば、更地価額の 2 分の 1 以上の借地権の権利金を受け取った場合には、この取扱いが適用されることになるので、権利金の額が更地価額の 2 分の 1 未満であるため不動産所得に該当するものについても、そのバランス上これと同様に取り扱うのが妥当であるという考え方に基づくものである。
>
> 　なお、更新料は、ここでいう、「貸付けに係る資産の‥‥‥引渡しを要しないもの」に該当するので、更新契約の契約効力発生の日によることになる。

要するに、資産の引渡しを要するものについては原則として引渡しのあった日に総収入金額に算入する必要があるが、契約の効力発生の日に計上してもOKですよ、となっているのです。

それではなぜ、このような規定を設けたのでしょうか？

もし礼金について契約の効力発生の日に計上してもOKであるならば法人税基本通達にも同様の規定があって然るべきなのですが、どこを探してもありません。

当たり前です。あるわけがないのです。その理由は、この条文は所得税に特有な事情により特別に設けられた規定だからです。

それでは所得税に特有な事情とは何でしょうか？

それについて書いてあるのが「解説」です。要するに、「36－6」の規定は**土地を賃貸する場合を念頭に置いている**のです。

> 土地を賃貸する場合の所得は原則として不動産所得に該当するが、権利金の額が更地価額の2分の1以上であれば譲渡所得に該当する。

↓

> そして、譲渡所得に該当すれば契約の効力発生日に収入を計上してもOKというようになっている。

↓

> ならば不動産所得に該当する場合であっても同様に選択適用を認めなければ辻褄が合わなくなる。

↓

> つまり、この規定は不動産所得は不動産所得でも、建物を賃貸する場合の不動産所得ではなく、土地を賃貸する場合の不動産所得に限定しているのです。

それでは礼金についてはどの規定を基にして処理することになるのかということですが、これについては原則規定である次の条文によることになります。

> **（不動産所得の総収入金額の収入すべき時期）**
> 36－5　不動産所得の総収入金額の収入すべき時期は、別段の定めのある場合を除き、それぞれ次に掲げる日によるものとする。
> 　（1）　契約又は慣習により支払日が定められているものについてはその支払日、支払日が定められていないものについてはその支払を受けた日（請求があったときに支払うべきものとされているものについては、その請求の日）
> 　（2）　省略

　この規定の中には「契約の効力発生日」という文言はどこにもありません。そして礼金の場合には一回コッキリであり、家賃のように契約期間に対応するものでもありません。

　そして、入居者から契約の解除を言い渡されても特別の瑕疵があるのでない限り返還する法律上の義務はないのです。

　このようなことから**礼金については入金があった時点で収入として計上しなければならない**のです。

　なお、それでも私ごとき名もない一会計士の言うことは信用できないという疑い深い人は次の事例をご覧下さい。

　実はこの本の原稿がほぼ完成した後、しばらくして消費税の大家である税理士の上杉秀文氏（元国税庁消費税課課長補佐）が**「税務Q＆A」**（税務研究会）の2009年4月号で、この問題について具体例を設けて解説されたのです。アプローチの仕方は私とは若干異なるのですが、最終結論は同じでした。助かりました。

いずれにしても、こういったことは通達の文章にハッキリ書いてくれれば我々実務家も間違わないで済むのですが、そんなことは常識であるかのごとく省略しているので多くの税理士が誤って解釈してしまうのです。

なお、この礼金の処理については様々な税務署にも当然ながら確認しましたが、予想通り回答はバラバラでした。

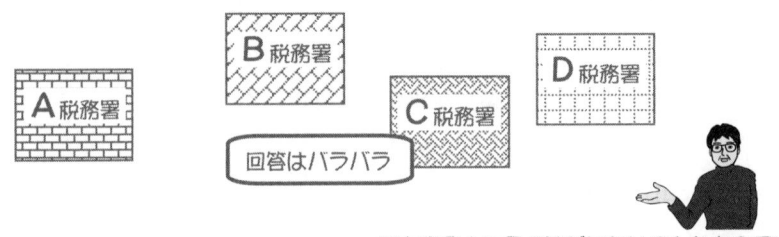

A税務署　B税務署　C税務署　D税務署
回答はバラバラ
でも実務というのはだいたいこんなものです。

ところで、このように礼金を事前に貰いますと課税売上割合の計算に算入しなければなりません。そうすると還付税額が少なくなってしまいます。

そこで、

礼金は貰わない
還付金は少なくなっても構わない

敷金を多くする
礼金は契約期間開始後に貰う

等々、様々な選択肢の中からご自分に最もマッチしたやり方を選択するようにして下さい。

なお、消費税の還付請求についてはこれ以外に様々なチェックポイントがありますので、実行される場合にはこういったことに詳しい税理士に依頼されることをお勧めいたします。

ところで、この章では消費税の還付にだけ焦点を合わせてご紹介してきたのですが、**相続対策のためにアパマンを建てるようなケースでは敢えて還付申告しないほうがいい場合もあります。**

したがって、それなりの資産をお持ちの方でアパマン経営等をお考えの場合には**トータルの節税プランをキッチリと練り上げた上で実行していただきたい**と思います。

練り上げてから…

トータルの節税プラン

ついつい人間というのは目先のお金に目が眩んで先走ることがあります。そんなことがないようにジックリと取り組むようにして下さい。

後悔、先に立たず　です。

第7章

アパマン経理と複式簿記

アパマン経営を始めると、キチンと帳簿を付けなくちゃならん。これは義務なのじゃ。家計簿ならどうにかなると思うが、青色申告特別控除を目イッパイ利用するためにも、この際、複式簿記とやらをマスターしようぜ！

アパートとかマンション経営を始めますと、毎年確定申告をする必要がありますが、そのためには簿記の知識が必要となります。
　簿記というと何となく構えてしまうかも知れませんが、簿記の仕組みというのは本当にすばらしいのです。
　「簿記が分かれば社会が分かる」ぐらいに私は思っているのですが、逆に言えば、簿記が分からない人は社会のこともキチンと理解できないのではないかとすら考えられるのです。
　特に複式簿記の場合には常に取引を二面から把握することを要求されるため、判断の間違いが少なくなるような気がします。
　いずれにしても簿記を勉強してソンすることは絶対にありません。これは確信を持って言うことができます。
　だからといって複式簿記はそれほど簡単ではありません。理解するのにある程度の時間はかかりますが、分かってくると意外と面白くなります。
　なお、「プロも戸惑うアパマン経営の仕訳事例」ではかなりレベルの高い仕訳方法をご紹介しております。
　実務では必ず必要となる事例ばかりですので、ご自分で決算書を作られる方はできるだけマスターするようにして下さい。

1 単式簿記と複式簿記

簿記という言葉自体は、ほとんどの人がご存じだろうと思います。ヤフー辞書で検索すると次のようになっています。

> **簿記**
>
> 「会社・官庁・組合など経済主体の活動を一定の方法で帳簿に記録・計算し、一定の時点で総括して損益の発生や財産の増減を明らかにする技法。記帳方法によって単式簿記と複式簿記に分けられる。」

要するに取引を帳簿に記録して、一定期間後に損益とか財産の増減を把握しようとする技法のことだということです。

ところで、この簿記の方法には単式簿記と複式簿記がありますが、同じくヤフー辞書で検索しますと次のようになっています。

> **単式簿記**
>
> 取引の貸借記入をせず、現金の収支、商品の増減などだけを記入する簿記。大福帳・家計簿など。
>
> 貸借は記入しない
>
> ※大福帳
>
> 「大帳」に福運を願って「福」を加えたもの。商家で、売買勘定の元帳。得意先ごとに口座を設け、取引状況を明らかにした。

> **複式簿記**
>
> すべての取引を、ある勘定の借方と他の勘定の貸方に同じ金額を記入し、貸借平均の原理に基づいて組織的に記録・計算・整理する簿記。

どうですか？ 何となく分かりましたか？ もし、これだけの説明で理解できるのであればすごく頭が良いと思います。

「1を聞いて10を知る」といったところでしょうか？

大多数の人は、これだけの説明では腑に落ちないと思いますので、次に具体例を挙げてご説明いたします。まず最初は単式簿記から。

❷ 単式簿記の具体例

(1) 家計簿の一般的説明

　前ページの説明では単式簿記の事例として大福帳と家計簿を挙げておりますので、ここではそのうちの１つ、家計簿を採り上げてご説明いたします。

平成21年度　　　　　家　計　簿

日付	摘　要	入金	出金	残高
2月1日	前月繰越			85,200
2月3日	食料（○○○スーパー）		4,123	81,077
2月4日	交通費（池袋まで）		415	80,662
2月4日	外食代（高校の時の友人と）		2,950	77,712
2月6日	パート代（振込み）	102,000		179,712
2月7日	住宅ローンの返済		89,000	90,712

　上記の家計簿は「収入（入金）」、「支出（出金）」、「残高」を時系列で表示した伝統的かつ、ごく一般的な家計簿です。

　これ以外に、代表的な入金項目、出金項目をあらかじめ記載している家計簿もありますが、それは項目毎の集計を簡単にできるよう工夫しているだけであり、基本的な仕組みは同じです。

　ところで、この家計簿をご覧になって、何か感じましたでしょうか？

　　　　　　　　　　　感じるわけがないですね。

　それでは、ここで一つ質問しますので、少し考えてみて下さい。

　　質問1　家計簿はそもそも何のためにあるのでしょうか？
　　質問2　収入、支出には預金での入出金は含まれるでしょうか？

193

いかがですか？　答えられますか？　それでは私なりの考えを書いておきます。

まず 質問1 の「家計簿はそもそも何のためにあるのでしょうか？」という質問ですが、家計簿のそもそもの作成目的は浪費を防ぐことにあります。

いろいろな支出項目を合計して、

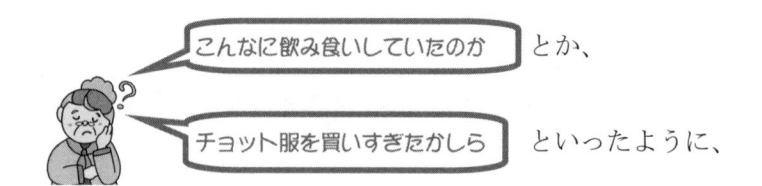

こんなに飲み食いしていたのか　とか、

チョット服を買いすぎたかしら　といったように、

集計して初めて分かることはよくあります。

このように家計簿というのは過去の実績を集計することにより無駄な出費がないかを検討することがそもそもの目的なのです。

したがって、書いただけではあまり意味がありません。結果をみて、いろいろ考えることにそもそもの存在意義があるのです。

それでは次の 質問2 に移ります。「収入、支出には預金での入出金は含まれるでしょうか？」という質問ですが、当然ながら預金での出し入れも含まれます。

現金だけの取引だと、収支の一部分だけしか集計されないため、間違った判断をしてしまう可能性があるからです。

例えば、預金から引き落とされる各種の

公共料金 とか 住宅ローンの支払 等を除外しますと、

当然ながら役に立たないデータになってしまいます。

(2) 家計簿は本当に単式簿記なのか？

以上は家計簿の一般的な説明ですが、それでは単式簿記としての意味はどういうところにあるのでしょうか？

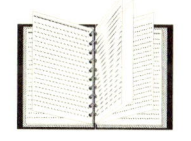

最初の説明で、単式簿記とは「**取引の貸借記入をせず、現金の収支、商品の増減などだけを記入する簿記**」と書きました。

要するに単式簿記というのは「現金の収支」とか「商品の増減」しか表示しないというものです。

つまり「現金」の収支（増減）とか「商品」の増減を記帳する方法が単式簿記なのです。したがって本来であれば、それらの残高はゲンブツと合っていなければなりません。

ところが家計簿の場合はどうでしょうか？

> 家計簿の残高と現金・預金のゲンブツ残高は一致しているでしょうか？

私は上記の説明で「預金」としか書きませんでしたが、預金には普通預金もあれば定期預金もあります。また積立預金もありますし外貨預金もありますが、これらの残高と家計簿の残高は一致しているでしょうか？ ほとんどの場合、一致していないですよね？

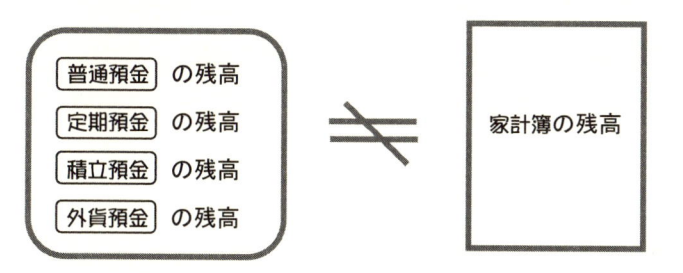

普通預金 の残高
定期預金 の残高
積立預金 の残高   ≠   家計簿の残高
外貨預金 の残高

このように家計簿の場合には現金の取引と預金の取引がゴッチャになっていますし、管理という点からも不十分であるため、厳密な意味では単式簿記ではないのです。

本来の意味での単式簿記というのは特定の資産の増減を記帳するものですから、原則として帳簿残高とゲンブツの残高は一致していなければなりません。

　例えば、一般の会社に現金出納帳とか預金出納帳というのがありますが、これは正に現金とか預金だけの取引を記帳するものですから、本来の意味での単式簿記と言えます(ただし、会社ですから実際は複式簿記で処理していますが・・・)。

　このように 家計簿 というのは本来の意味での単式簿記ではなく、一種の応用編と言えるかも知れません。

(3) 単式簿記の限界とは？

　ところで一般の会社では複式簿記が主流となっていますが、そのワケは何でしょうか？　その理由は簡単です。単式簿記には限界があるからです。

「単式簿記の限界」とは？

　家計簿の場合には現預金での収支しか分かりませんので、ローン(借入金)の残高を知りたいとなると銀行から送ってくる返済スケジュール表を見なければなりません。

　上述しましたように「代表的な入金項目、支出項目をあらかじめ記載している家計簿」で項目毎の集計をしたからといって、それはあくまで収入とか支出の月間合計に過ぎません。

　いろいろな資産とか負債の残高は全く分からないのです。このように単式簿記というのは一定期間の収支の状況しか分からないという大きな欠陥を有しているのです。

　ただし、家計簿のように取引が単純であれば当初の目的はある程度達成できるので、これはこれで十分に意味はあります。

③ 複式簿記の具体例

(1) 複式簿記とは？

　それでは次に複式簿記の説明に移ります。複式簿記とは上述しましたとおり、「すべての取引を、ある勘定の借方と他の勘定の貸方に同じ金額を記入し、貸借平均の原理に基づいて組織的に記録・計算・整理する簿記」。

　いかがですか？　私は一応分かりますが、初めて読んだ方は理解に苦しむのではないでしょうか？

　ところで、簿記をキッチリと理解するためには簿記学校に通うか、簿記の教科書を順番に勉強していくしかないのですが、ここでは複式簿記とはどういうものか、そのサワリだけでも理解していただこうと考えております。

　あまり本格的な事例を設けて解説する余裕はありませんので、とりあえず先程の家計簿のデータを基にして複式簿記ではどのように仕訳するのかについて説明することとします。

　そして、ご自分でもやれそうであれば簿記の3級程度のテキストを購入されて、毎日少しずつ勉強するようにして下さい。

　なお、当社でも準備が整い次第、アパマン経理に特化した簿記の研修会を実施する予定です。ご関心のある方はお問合せ下さい。

具体的に、わかりやすく…

(2) 複式簿記では家計簿の事例をどのように処理するのか？

1 前月繰越残高の記帳

まず最初は2月1日の前月繰越 85,200 円の記帳方法から。家計簿では現金と普通預金を特に区別しませんが、複式簿記の場合には科目が別なので完全に分ける必要があります。ここでは便宜上、次のようにします。

現金　18,500 円
預金　66,700 円
合計　85,200 円

別々に…

預金について口座が分かれている場合には当然ながら別々に記帳します。つまり通帳の預金残高と帳簿の残高は完全に一致していなければならないのです。

通帳の預金残高 ＝ 帳簿の残高

もし両方の残高が一致していない場合には、その原因を徹底的に調査し、常に両者を一致させておく必要があるのです。

2 2月3日の食料 4,123 円の記帳

残高の記帳が終わったら、次は毎日の取引の記帳に移ります。まず2月3日に支払った食料 4,123 円ですが、これはどのように記帳しますか？　スーパーでの買い物ですから現金で支払ったとします。

家計簿の場合には 4,123 円を出金欄に記帳すればそれで終了ですが、複式簿記の場合にはこれではダメです。現金が 4,123 円減少したという事実と、食料（経費）が同額増えたという事実の両方を記帳しなければならないのです。

ここで、いわゆる**仕訳（しわけ）**という技法が登場します。上記の事例を仕訳しますと次のようになります。

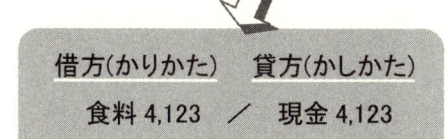

```
借方（かりかた）   貸方（かしかた）
食料 4,123    ／   現金 4,123
```

Key Word 仕訳

以下、これについて若干解説しておきます。まず複式簿記の決まりとして、経費（簿記では費用という）が発生した（＝増えた）場合は借方に記入し、資産（現金とか預金、不動産等）が減少した場合には貸方に記入するというのがあります。

費用が発生 → 借方　こっち
現金が減少・不動産が減少 → 貸方

反対に費用が減少した場合（あまりありませんが…）は貸方に記入し、資産が増加した場合には借方に記入します。

複式簿記の説明で、「ある勘定の借方と他の勘定の貸方に同じ金額を記入し」というのがありましたが、これは以上のことを指しています。

何となく難しく感じられるかも知れませんが、徐々に慣れてきますので、もう少し辛抱して下さい。

なお、正式には「食料」といった勘定科目はありませんが、家計簿と比較するためそのままの表現を使っています（以下、同じ）。

③ 2月4日の交通費 415 円の記帳

次は交通費の支払です。これも現金で支払ったとすると仕訳は次のようになります。これからは借方（かりかた）、貸方（かしかた）という説明は省略します。左側が借方、右側が貸方と覚えて下さい。

> 交通費　415　／　現金　415

これについては、もう説明の必要はないですね。交通費という費用が 415 円発生し、現金という資産が 415 円減少したということを意味しています。

④ 2月4日の外食代 2,950 円の記帳

次は外食代の支払です。これも現金で支払ったとすると仕訳は次のようになります。説明は省略します。

> 外食代　2,950　／　現金　2,950

⑤ 2月6日のパート代 102,000 円の記帳

次はパート代の入金です。今までは費用の発生でしたが、今度は入金の処理になります。パート代は現金でくれる場合もありますが、ここでは預金口座に振り込まれたものとします。

また、源泉所得税とか住民税等が天引きされて振り込まれるケースもありますが、複雑になりますので、それらはなかったものとしますと、仕訳は次のようになります。

> 預金 102,000 ／ パート代 102,000

　預金が借方に来ています。このように資産が増えた場合には借方に記入します。また、パート代が貸方に記帳されていますが、収入の場合には費用とは逆に貸方に記入することになっています。

⑥ 2月7日の住宅ローンの返済 89,000円の記帳

　最後は住宅ローンの返済です。住宅ローンは通常、銀行口座から自動引き落としになりますので、ここでも銀行口座から返済したものとします。仕訳をしますと次のようになります。

> 住宅ローン 89,000 ／ 預金 89,000

　いかがですか？　この仕訳で間違いないでしょうか？　家計簿と比較する上では間違っていないのですが、商売上の複式簿記ではこんな仕訳になりません。

　その理由は住宅ローンの中身にあります。つまりローンの返済額には元金返済部分と支払利息部分が含まれているので、正確に仕訳するためにはそれぞれ別々に処理する必要があるのです。

例えば、返済額 89,000 円が元金返済部分 51,000 円、支払利息部分 38,000 円から構成されているとすると、正式な仕訳は次のようになります。

借入金　51,000　／　預金　89,000
支払利息 38,000　／

このような仕訳を複合仕訳と言います。段々難しくなってきた感じがしますが、もう少しの我慢です。この仕訳が正確に理解できればかなりのレベルです。

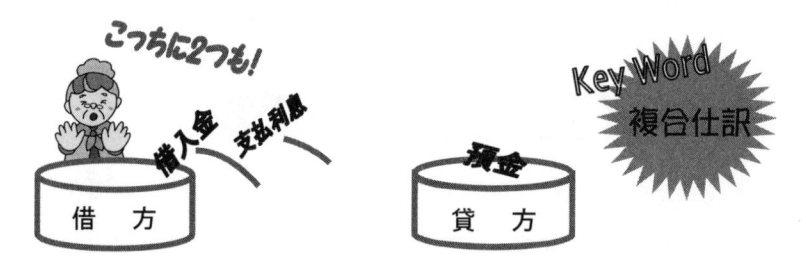

実は私の顧問先では原則として自分でデータを入力してもらっているのですが、一番多い間違いは次の仕訳です。

借入金　89,000　／　預金　89,000

通帳を見ますと預金が 89,000 円減少しているだけですから、その通りに入力しているのですが、会計的には明らかに間違いです。

その理由は経費に算入できるのは支払利息部分だけですから、元金返済部分と別々に処理しなければ正確な決算書ができないのです。

以上で家計簿に載っていた取引の説明はすべて終了です。ところで家計簿の場合には日々の入出金を記帳すればそれで終わりなのですが、複式簿記の場合には勘定科目別に集計し直す必要があります。

例えば、現金であれば次のようになります。

総勘定元帳　　　　　現　金

日 付	相手科目	摘　要	借方	貸方	残高
2月1日		前月繰越			18,500
2月3日	食料	○○○スーパー		4,123	14,377
2月4日	交通費	池袋まで		415	13,962
2月4日	外食費	高校の時の友人と		2,950	11,012

こういった帳票をすべての勘定科目毎に作成する必要があるわけですが、実際はパソコンソフトがやってくれるので　楽チンです。

また、先ほどは仕訳をいちいち書いて説明しましたが、パソコンソフトがあれば仕訳をする必要もないのです(減価償却等、特別な仕訳は別)。

例えば、パソコンの入力画面に預金通帳と同じ画面(預金出納帳)がありますが、この画面に通帳を見ながら同じように入力していけばコンピュータが自動的に仕訳を作成してくれるのです。

またパソコンが無い時代は一箇所でも間違えたら関連する帳票をすべて書き直さなければならなかったのですが、今はチョチョイのチョイで簡単に修正できます。

それも跡形も無く…

だいたいイメージは掴めたでしょうか？　やってみれば大したことはありません。何でもトライです。

なお、次ページ以降に本格的な仕訳事例をご参考のためにまとめておきました。突然難しく感じられるかも知れませんが、慣れるにつれてこれらもすべて理解できるようになります。

これ以上、難しい仕訳はほとんどありませんので頑張って理解するようにして下さい。

203

4 プロも戸惑うアパマン経理の仕訳事例

仕訳事例 1　工事代金を支払ったときの仕訳

本日、第一回目の工事費 3,150 万円（うち消費税等 150 万円）を建設会社に振り込み、支払った。

仕訳

Key Word　建設仮勘定

借　方		貸　方	
建設仮勘定	31,500,000	普通預金	31,500,840
振込手数料	840		
合　計	31,500,840	合　計	31,500,840

解説

　建物の工事費は一般的に3～4回ほどに分けて支払いますが、支払った時点では、まだ建築中ですから建物とか附属設備といった具体的な勘定科目は使用できません。

それではどのような勘定科目を使うのかということですが、このような場合に用意されているのが**建設仮勘定**(けんせつかりかんじょう)です。

　この科目はあくまで暫定的に使用するものですから、完成・引渡しを受けた段階で速やかに本勘定に振り替える必要があります。

通常はカギを貰った日を引渡し日とします。これがキーポイント！

　ところで、この事例のように本体価格とは別に消費税を支払った場合、どのように処理するのか疑問に思われるかも知れませんが、建物の引渡しがあるまでは消費税込みの額を建設仮勘定に計上します。
　なお、決算日現在(個人は12月31日)においてまだ建築中であれば、それまでの累計額を貸借対照表に計上することになります。

それでは建物が完成して引渡しを受けた場合、どのように仕訳処理することになるのでしょうか？

　これについては少々分かりづらいと思いますので、事例を挙げてご説明します。以下の事例は、**完成引渡し時点で建設仮勘定に計上されていた金額が84,000,000円、完成引渡し後に支払うことになっている未払金が29,400,000円**あるというものです。

＜建物が完成し、引渡しを受けた段階での仕訳例＞

● 税込み経理方式

借　方		貸　方	
建物	80,850,000	建設仮勘定	84,000,000
附属設備	25,200,000	未払金	29,400,000
構築物	7,350,000		
合　計	113,400,000	合　計	113,400,000

● 税抜き経理方式

借　方		貸　方	
建物	77,000,000	建設仮勘定	84,000,000
附属設備	24,000,000	未払金	29,400,000
構築物	7,000,000		
仮払消費税等	5,400,000		
合　計	113,400,000	合　計	113,400,000

　この仕訳では仮払消費税等をまとめて計上しておりますが、建物、附属設備、構築物のそれぞれ別々に計上することもできます(税込み金額を入力して自動仕訳するようになっているパソコンソフトの場合は、このように別々に計上されます)。

　なお消費税の還付請求を受ける場合には税抜き経理方式のほうが断然有利ですから、くれぐれも経理処理を間違えないようにして下さい（「**仕訳事例4**」参照）。

第 7 章 アパマン経理と複式簿記

仕訳事例 2 中古アパートを購入したときの仕訳

中古のアパートを 48,200,000 円（うち消費税 1,230,000 円）で購入した。なお、同時に不動産会社に仲介手数料 1,581,300 円を支払った。

● 建物と土地に按分する

- 建物代金 ……… $1,230,000 \text{ 円} \times \dfrac{105}{5} = 25,830,000$ 円（税込み）

- 土地代金 ……… $48,200,000 \text{ 円} - 25,830,000 \text{ 円} = 22,370,000$ 円

● 仲介手数料の按分

- 建物 ……… $1,581,300 \text{ 円} \times \dfrac{25,830,000 \text{ 円}}{48,200,000 \text{ 円}} ≒ 847,406$ 円

- 土地 ……… $1,581,300 \text{ 円} \times \dfrac{22,370,000 \text{ 円}}{48,200,000 \text{ 円}} ≒ 733,894$ 円

よって土地と建物の取得価額（税込み）は次のようになります。

- 建物の取得価額 … $25,830,000 \text{ 円} + 847,406 \text{ 円} = 26,677,406$ 円

- 土地の取得価額 … $22,370,000 \text{ 円} + 733,894 \text{ 円} = 23,103,894$ 円

まずは、按分

仕訳

税込み経理方式

借　方		貸　方	
建　物	26,677,406	普通預金	49,781,300
土　地	23,103,894		
合　計	49,781,300	合　計	49,781,300

税抜き経理方式

借　方		貸　方	
建物	25,407,053	普通預金	49,781,300
仮払消費税等	1,270,353		
土地	23,103,894		
合　計	49,781,300	合　計	49,781,300

解説

　中古のアパートを購入した場合には購入価格を建物代金と土地代金に分ける必要があります。

　この場合、一般的には建物代金を多くしたほうが有利ですが、売買契約書にそれぞれの金額が記載されているとか、消費税が付記されている場合にはそれに従って処理するしかありません。

　一方、合計金額しか記載されていない場合には固定資産税評価額等を基にして各自で按分する必要があります(按分方法については、この解説の最後にも触れておりますので必ずお読み下さい)。

　なお税務調査があった場合、按分方法について聞かれますので、計算書は必ず保管しておいて下さい。

次に仲介手数料ですが、これについては上記で計算した建物代金と土地代金で按分した額を、それぞれの取得価額に加算する必要があります。

　　　　　　　　手数料なので一時に経費に算入できる

と思っている方がいらっしゃいますが、これは明らかに　誤り　です。**不動産を取得するためにかかった経費は原則として取得価額に算入する必要があります**ので、ご注意下さい。

　また、この事例では省略しておりますが、**未経過分の固定資産税相当額を買主が支払うケースがありますが、この額も土地、建物の取得価額に算入する必要があります。**

　固定資産税というのは1月1日現在の所有者に課しているのであるから、売買契約日から年末(12月31日)までの固定資産税相当額というのは本来の固定資産税ではないという捉え方を税務ではしております。

　　　　それでは何だ　ということですが、税務署では土地、建物の値引きであると考えております。

　　　　　　　　何となくスッキリしないのですが、これ
　　　　　　　　については反論の余地はないようです。

　したがって、**買主は取得価額に算入し、売主は譲渡収入金額に計上しなければなりません**ので、ご注意下さい。税務の世界には我々の常識では計り知れないことが間々あるということは覚えておいて下さい。

　なお、経費といっても不動産取得税とか登録免許税といった税金については二重課税になるという理由で支払時点の経費として処理することになります(個人は強制、法人は任意)。

ところで、以上は購入価格ないし仲介手数料を建物と土地にどのように按分するかの説明ですが、建物というのは本体部分と附属設備部分から構成されているので、

> 建物の取得価額をそれぞれに按分する必要があるのではないか

という疑問が生じます。

これについては次のように処理することになっています。

木造の建物等
建物本体に含めて減価償却することができる。木造の建物等については建物本体と附属設備の耐用年数がそれほど違わないこと、金額も少額であること等から、このような処理が認められている。

左記以外
建物本体と附属設備を分けて、それぞれの耐用年数に応じて減価償却する必要がある。

つまり木造等（木造、合成樹脂またはモルタル造）であれば、わざわざ分けて減価償却する必要はないが、それ以外の構造であれば建物本体と附属設備に分けて減価償却する必要があるということです。

新築物件であれば見積書等を見てどうにか計算できますが、中古物件の場合は、どうすれば良いのでしょうか？

これについては平成12年12月28日付けの裁決に 噴飯もの のやり方が詳述されていますので、ご関心のある方はお読み下さい。

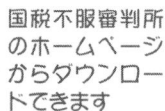

国税不服審判所のホームページからダウンロードできます

それによりますと、

> 中古物件であろうが、新築時の工事請負契約書から建物本体と附属設備の割合を計算し、購入時までの損耗等を織り込んで、上記で計算した割合を修正しなさい

ということになっています。

この審判の対象となっている物件はマンションの一室です。別々の物件が全部で3物件あるのですが、平均価格は1,220万円です。

> このようなチッポケな物件について上記のように細かい計算をしなさいということですから呆れてしまいます。

　そもそも新築時の工事請負契約書など入手できないケースが圧倒的に多いわけですから、現実問題として、このように計算することは不可能です。

　この審判では国家権力で工事請負契約書を入手させたのでしょうが、マンションの一室を購入するのに新築時の工事請負契約書をチョウダイ、なんて言えるわけがないのです。

　それでは、

> 建物本体のほうが耐用年数が長いので、建物本体にブッコンどけば良いじゃないか。税務署は文句言わないだろう！

と言いたいところですが、これもダメなようです。

　上記の裁決文には次のように書かれています。

> 請求人から提示があった売買契約書等からでは建物本体及び建物附属設備の価額が明確に区分できなかったので、やむを得ず、建物附属設備の価額を建物本体の価額に含めたところで減価償却費を計算したとする原処分庁の主張は採用できない。

　原処分庁とは要するに税務署のことですが、税務署としては建物本体と建物附属設備の価額を分けることが現実問題として不可能なので、建物本体に入れて減価償却費を計算したところ国税不服審判所がマッタをかけたということです。

　こういった文章を読んでいてバカにするのはたやすいのですが、彼らも法律のスジを通さなければならないので仕方ないのです。おそらく虚しい気持ちで裁決文を書いたのだと思います。

それはそうとして我々としてはどうすれば良いのでしょうか？

「やり方が分からないので減価償却費は計算しませんでした」というわけにはいきません。

個人の場合、減価償却をすることは強制なのです。

何となく考えられるのが、適当な割合で建物本体と建物附属設備の価額を分けるというものです。でも、これもダメです。

この納税者（審査請求人）は「同業他社の資料を基に建物附属設備部分を 30％として計算した。」のですが、これも否認されています。

ところで、その後、

> 固定資産税評価額の再建築費評点数算出表における構造別の再建築費評点数の割合による方法が合理的と認められる

という裁決事例が出た（平成 13 年 2 月 19 日付け）のですが、これも実務的ではありません。

裁判とか審判をするときであれば、こういった資料を取り寄せることはできるのでしょうが、不動産を購入するときに、このような情報を入手することは不可能です。

このように、実行可能で現実的なやり方というのはまったく見当たりません。全国の会計事務所、税務署のどこに聞いても分からないと思います。

ある大手の会計事務所がホームページで、「そういった場合はお問い合わせ下さい。」と書いてありましたが、分かるワケがないのです。

それではどうするのか？　以下、私の考えを述べたいと思います。

過去の裁決事例とか判例が特に問題としていたのは土地と建物の按分方法でした。特に、その当時は土地の時価と路線価との乖離が甚だしく、路線価を基にして土地の価格を先に計算し、残額を建物の価格とするやり方では建物の価格が高くなり過ぎるキライがあったのです。

例えば、土地、建物とも固定資産税評価額で按分する方法であれば、土地の価格が路線価の倍以上にもなったのですが、土地を路線価（あるいは路線価÷0.8）で計算し、トータルの物件価格から土地代金を差し引いて建物の価格を求めるやり方だと、建物の割合が高くなり納税者に圧倒的に有利になったのです。

そこで税務署としても、このような状況は看過できないということで否認したのだと思います。

つまり、これらのケースで、土地、建物とも固定資産税評価額で按分する方法を採用していれば、そもそも問題になっていなかったのだと考えられます。

税務署としては土地と建物さえキチンと配分しておけば、建物本体と附属設備の按分方法なんかで争うことはなかったのだと思います。

ところが納税者のほうが頑張ったものだから、審判とか裁判で争わなければならなくなったというわけです。

つまり、建物本体と附属設備の按分方法というのは、誰も触れたくないヤブヘビだったのです。

以上の説明で何となくお分かりいただけたでしょうか？　税務というのは明らかにオカシイ場合にはギャフンと言わされるが、そうでない場合には大人の扱いをしてくれるということです。

なお、このままでは

> どんな場合でも固定資産税評価額を基にして按分するしかない

との誤解を与えてしまいそうなので若干補足しておきます。

例えば、築2～3年といった比較的新しい物件の場合、固定資産税評価額で按分すると建物の割合が低くなり過ぎます。

ご承知のように建物の固定資産税評価額は構造にもよりますが、建築費のだいたい50%です。ところが土地の固定資産税評価額は公示価格の70%程度ですから、どうしても建物の割合が低くなってしまうのです。

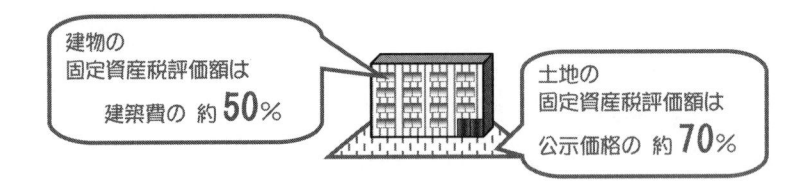

> 建物の固定資産税評価額は　建築費の 約50%

> 土地の固定資産税評価額は　公示価格の 約70%

したがって、このような場合には売買契約書に内訳を書いてもらったほうが良いでしょう。ついでに建物本体だけでなく附属設備についても金額を書いてもらえば、**附属設備の耐用年数が建物本体より短いので、それだけ多く減価償却できる**ということになります。

要するに、その時の状況に応じて、臨機応変に対応していく必要があるということです。専門家と相談しながら、少しでも節税できるよう頭をコキ使って下さい。

仕訳事例 3 アパートを法人に売却したときの仕訳

アパートのうち建物だけを法人に売却した。
なお、売買代金 4,851,200 円（簿価）は 20 年間で分割返済することになっている。

仕訳

● 売主側

借　方		貸　方	
事業主貸	4,851,200	建物	4,851,200

● 買主側

借　方		貸　方	
建物	4,851,200	長期未払金	4,851,200

解説

　個人が同族の法人に建物を売却する場合がありますが、不動産を譲渡する場合の所得は**譲渡所得**になります。

　そして譲渡所得の場合には通常の所得税とは区分して譲渡所得税を計算することになりますので、この仕訳例のように不動産所得の決算書から建物勘定を除外する必要があるのです。

建物勘定は除外

なお、法人の場合には個人のように所得を分けるということはしませんので、不動産を譲渡する場合でも通常の取引と同じような仕訳をすることになります。

因みに法人が売主の場合には次のような仕訳になります。

● **法人が売主だった場合の仕訳**

借　方	貸　方
長期未収入金　　4,851,200	建物　　4,851,200

※簿価を売買価格としているため、譲渡損益は発生しない。

一方、買主側は仕訳例のように、(借方)建物／(貸方)長期未払金という仕訳をします。

なお、長期未払金とか長期未収入金というように長期という言葉がついていますが、これは1年を超えた債権とか債務の場合に使用します。この事例では返済期間が20年ですから長期となっているわけです。

1年を超えるとみんな長期！

ところで建物に係る消費税を還付請求するために**あえて消費税の課税事業者を選択しているケース**がありますが、このような人がアパートを譲渡した場合、消費税はどうなるでしょうか？

この場合には消費税の課税事業者になっているわけですから、**アパートの売却代金も課税売上高に含めて消費税を計算する必要があります**ので、ご注意下さい。

仕訳事例 4　建物に係る消費税を還付請求するときの仕訳

決算の結果、消費税の還付請求額が次のとおり 4,886,000 円となった。

● 1年間のすべての取引

◎ 課税売上高（年間）

駐車料収入　　　　　2,520,000 円　（消費税　　120,000 円）

◎ 課税仕入高（年間）

建物（建築費）	105,000,000 円	（消費税　5,000,000 円）
管理費（収入×5％）	126,000 円	（消費税　　　6,000 円）
合　計	105,126,000 円	（消費税　5,006,000 円）

● 還付請求額の計算過程

①課税標準額に係る消費税額

$$2,520,000 \text{円} \times \frac{100}{105} = 2,400,000 \text{円}$$

$$2,400,000 \text{円} \times 4\% = 96,000 \text{円}$$

②控除対象仕入税額

$$105,126,000 \text{円} \times \frac{4}{105} = 4,004,800 \text{円}$$

③還付消費税額　‥‥‥‥　② － ① ＝ 3,908,800 円

④還付地方消費税額　‥‥　③ × 25％ ＝ 977,200 円

⑤還付税額合計　‥‥‥‥　③ ＋ ④ ＝ 4,886,000 円

仕訳

税込み経理方式

決算時

・第1法 …… 仕訳なし

・第2法 ……

借　方	貸　方
未収消費税等　4,886,000	雑収入　4,886,000

還付金が普通預金の口座に入金されたとき

・第1法 ……

借　方	貸　方
普通預金　4,886,000	雑収入　4,886,000

・第2法 ……

借　方	貸　方
普通預金　4,886,000	未収消費税等　4,886,000

税抜き経理方式

決算時

借　方		貸　方	
仮受消費税等	120,000	仮払消費税等	5,006000
未収消費税等	4,886,000		
合　計	5,006,000	合　計	5,006,000

還付金が普通預金の口座に入金されたとき

借　方	貸　方
普通預金　4,886,000	未収消費税等　4,886,000

第7章 アパマン経理と複式簿記

解説

Key Word
消費税の還付

　建物を建築しますと本来の建築費以外に消費税が別途課税されます。また、購入する場合にも同様に建物代金に消費税が課税されるわけですが、これらの消費税について還付請求できる場合があります。

　ところが、還付請求することばかりに神経を取られ、還付を受けた消費税の会計処理を間違えたため、無駄な税金を払ってしまっているケースが何と多いことか(インターネットで検索しましたので間違いありません)。

　消費税の会計処理は確かに難しいのですが、税金がかなり違ってきますので、シッカリと理解するようにして下さい。

　ムダな税金発見！

　ところで、この【仕訳事例 4】は建物に係る消費税にスポットを当てているため、かなり簡略化しております。つまり、駐車場を経営している人が別の土地にアパートを建てる計画をし、年末にその建物の完成・引渡しを受けたという事例です。

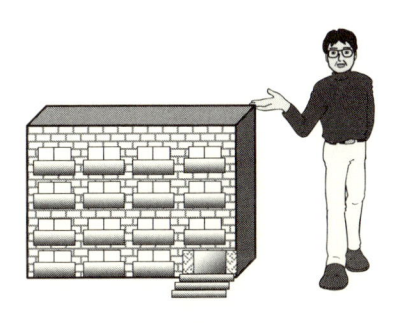

　したがって建物の賃貸料はまだ発生しておらず、この年度の収入は駐車料収入2,520,000円だけというものです。

ところで消費税の経理処理方法には**税込み経理方式**と**税抜き経理方式**の2種類があります。それぞれの内容については165ページ以降で詳しく説明しておりますので、よく理解しておいて下さい。

いずれにしても**税込み経理方式**では仕訳例のように還付税額は雑収入として計上せざるを得ないので、全額が所得税等の課税対象となるのです(「第1法」は決算時点で雑収入に計上し、「第2法」は還付金が実際に入金されたときに雑収入に計上するというように計上する時期が違うだけです)。

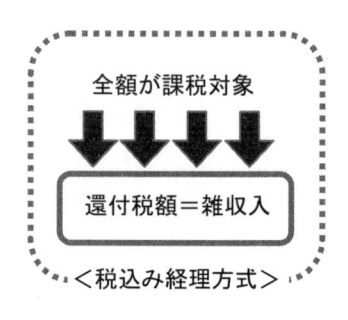

```
全額が課税対象
↓↓↓↓
還付税額＝雑収入
＜税込み経理方式＞
```

もし、所得税・住民税の適用税率が30%だとしますと、税額は次のように1,465,800円にもなります。

> 雑収入に係る所得税・住民税の合計
> 　雑収入　4,886,000円　×　30%　＝　1,465,800円

一方、**税抜き経理方式**の場合には課税所得がゼロですから、当然ながら税額はゼロとなります。

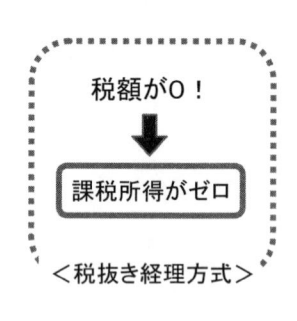

このように経理方式の違いだけで税額がかなり違ってくるのです。なお、税抜き経理方式だからといって会計処理が大変だということはまったくありません。

```
税額が0！
↓
課税所得がゼロ
＜税抜き経理方式＞
```

> パソコンソフトに税込みの金額を入力すればコンピュータが自動的に税抜き経理方式の仕訳データを作成してくれるからじゃ。

逆に言えば、手書き処理では膨大な作業に発狂するかも知れません。この機会に会計ソフトを導入されることをお奨めいたします。

仕訳事例 5　入居者から管理会社に家賃等が振り込まれたときの仕訳

同族の管理会社の口座に入居者（日本太郎）から2009年10月分の家賃65,000円と共益費3,000円の合計68,000円が振り込まれた。

仕訳

● 入居者から管理会社に家賃等が振り込まれたときの仕訳

借　　方	貸　　方	摘　　要
普通預金　　68,000	仮受金　　68,000	日本太郎　2009年10月分

解説

同族の管理会社を作っている場合、入居者は家賃とか共益費をオーナーと管理会社のいずれに支払うことになるのじゃろうか？

　これについてはオーナーに直接支払うというケースがあるようですが、こうすると管理会社の存在意義が限られてきますので、私の事務所では原則として管理会社に振り込んでもらうことにしております。

　そうしますと、振り込まれたお金は管理会社にとっては単なる預り金ですから、仕訳例にあるように**仮受金**という勘定科目を使用します。

　そして、管理会社は例えば翌月の10日までに、入金した額から受取受託料を差し引いた額をオーナーに支払うことになります。その場合の仕訳例を示しますと次のようになります。

● 管理会社からオーナーに家賃等を振り込んだときの仕訳

借　　方	貸　　方	摘　　要
仮受金　　　1,258,200 支払手数料　　　　840	普通預金　　　1,109,040 受取受託料　　　150,000	家賃等　　　　2009年10月分 業務委託料　　2009年10月分
合　計　　　1,259,040	合　計　　　1,259,040	

これに対して、オーナー側は次の仕訳をします。

● オーナー側の仕訳

借　　方	貸　　方	摘　　要
普通預金　　　1,109,040 業務委託料　　　150,000	家賃収入　　　1,202,600 共益費収入　　　56,440	家賃等　　　　2009年10月分 業務委託料　　2009年10月分
合　計　　　1,259,040	合　計　　　1,259,040	

ところで、専門の管理会社に管理を委託している場合、その管理会社から1ヵ月分の家賃等が振り込まれるわけですが、その場合の振込先も同族の管理会社となります。あくまで一旦は同族の管理会社を通すということです。

仕訳事例 6 入居者と新規に入居契約を締結したときの仕訳

本日（2009年9月15日）、入居者と賃貸借契約を締結し、次のとおり代金を現金で入手した。

● 通常月分

	今月分(2009年9月分) 請求額	今月分(2009年9月分) 消費税	今月分(2009年9月分) 合計	来月分(2009年10月分) 請求額	来月分(2009年10月分) 消費税	来月分(2009年10月分) 合計
家　賃	61,333	—	61,333	115,000	—	115,000
共益費	2,133	—	2,133	4,000	—	4,000
駐車料	10,666	533	11,199	20,000	1,000	21,000
合　計	74,132	533	74,665	139,000	1,000	140,000

● 臨時分

	請求額	消費税	合計
敷　金	345,000	—	345,000
礼　金	115,000	—	115,000
合　計	460,000	—	460,000

● 合計

通常月分	9月分	74,665
通常月分	10月分	140,000
臨時分		460,000
合　計		674,665

●今月分（2009年9月分）の日割計算（15日から30日までの日数…16日分）

- 家賃 ……… $115,000 円 \times \dfrac{16 日}{30 日} ≒ 61,333 円$

- 共益費 ……… $4,000 円 \times \dfrac{16 日}{30 日} ≒ 2,133 円$

- 駐車料（請求額）‥ $20,000 円 \times \dfrac{16 日}{30 日} ≒ 10,666 円$

- 駐車料（消費税）‥ $10,666 円 \times 5\% ≒ 533 円$

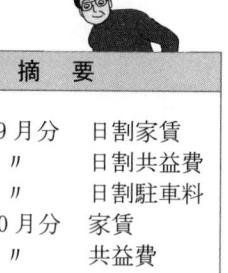

仕訳

借　方		貸　方		摘　要	
現金	674,665	家賃収入	61,333	2009年 9月分	日割家賃
		共益費収入	2,133	〃　〃	日割共益費
		駐車料収入	11,199	〃　〃	日割駐車料
		家賃収入	115,000	2009年10月分	家賃
		共益費収入	4,000	〃　〃	共益費
		駐車料収入	21,000	〃　〃	駐車料
		預り敷金	345,000		
		礼金収入	115,000		
合　計	674,665	合　計	674,665		

解説

　新規に入居契約を締結する場合、この事例のように当月の日割り分、翌月分、敷金・礼金等を同時にもらうのが一般的です。

　もちろん、契約日に現金を持参してもらうのではなく、事前に銀行口座に振り込んでもらうこともあります。いずれにしても家賃等は前月の末までに支払う契約が一般的ですから、契約時点において翌月分も一緒にもらうことになります。

　ところで、この事例は居住用マンションを賃貸するという前提ですから、家賃とか共益費には消費税はかかりません。

　同様に礼金についても消費税は非課税ですが、駐車料については原則として消費税がかかります。

　したがって、9月の日割り駐車料に係る消費税533円と10月分の駐車料に係る消費税1,000円を別途いただくことになります。

　次に敷金ですが、敷金というのは単に預っているだけですから消費税は課税されません。また返済義務がありますので勘定科目も**「預り敷金」**として負債の部に計上することになります(次ページの**図表7−1・2**参照)。

第 7 章　アパマン経理と複式簿記

個人

(資産負債調)

図表 7-1　　　　　　　　（平成 21 年 12 月 31 日現在）

Key Word　預り敷金

負債・資本の部		
科　目	9月10日(期首)	12月31日(期末)
	円	円
借入金	0	11,917,321
未払金		
保証金・敷金	0	345,000
前受金	0	140,000

> 個人の場合は、このように勘定科目名が固定されています。
> したがって変更できないのですが、一般的には「預り敷金」という科目を使用します。

事業主借		
元入金	2,000,000	2,000,000
青色申告特別控除前の所得金額		112,726
合　計	2,000,000	14,515,047

法人

図表 7-2

貸借対照表

平成 21 年 12 月 31 日現在　　（単位：円）

負債の部
　【流動負債】
　　前受金　　　140,000

> 法人では、このように「預り敷金」という科目を使用します。

　【固定負債】
　　長期借入金　　11,917,321
　　預り敷金　　　　345,000
　　　　固定負債　合計　　12,262,321
　　　　　　負債の部　合計　　12,402,321

225

仕訳事例 7　翌年分の家賃等を前受収益として振り替える仕訳

今年の12月27日に入金のあった翌年分（2010年1月分）の家賃等につき、前受収益として振り替えた。

仕訳

入金があったときの仕訳

借　方	貸　方	摘　要
普通預金　　140,000	家賃収入　　115,000 共益費収入　　4,000 駐車料収入　21,000	2010年1月分　家賃 2010年1月分　共益費 2010年1月分　駐車料
合　計　　140,000	合　計　　140,000	

前受収益として翌年に振り替える仕訳

(2009年12月31日)

借　方	貸　方	摘　要
家賃収入　　115,000 共益費収入　　4,000 駐車料収入　21,000	前受収益　　115,000 前受収益　　4,000 前受収益　　21,000	2010年1月分　家賃 2010年1月分　共益費 2010年1月分　駐車料
合　計　　140,000	合　計　　140,000	

解説

　家賃とか共益費については前月末までに支払うという契約が多いようです。したがって、例えば、翌年の1月分についてもほとんどが前年の12月末までに入金されます。

　この場合、翌年の1月分について、いつの収入として計上すべきかが問題となるわけですが、税務上は原則として次のように処理することになっております。

〈家賃等を計上すべき時期〉

①契約または慣習により支払日が定められているものについては、その支払日
②支払日が定められていないものについては、その支払を受けた日
③請求があったときに支払うべきものとされているものについては、その請求があった日

このうち、②と③については常識的に分かると思いますが、問題は①です。**「支払日が定められているものについては、その支払日」**ということですが、どういう意味でしょうか？

これについては次のように解釈することになっております。つまり、翌月分は当月分の収入として計上する必要があるということです。

当年度12月分
翌年1月分の家賃

したがって、年度が替わる翌年1月分の家賃等も、当年度の12月分の収入として計上しなければならないということになります。

以上が 原則的 取り扱いですが、

継続適用を条件として貸付期間に対応する部分のみをその年度の収入として申告することもできます（特に申請する必要はありません）。

つまり、1月から12月分のみをその年度の収入として計上し、翌年分については前受収益として処理する方法です。

なお、この仕訳は12月31日（法人の場合は決算日）の日付で行ないます。また、いったん計上した仕訳を取り消す仕訳を翌年の1月1日付けで行なう必要があります。これについては【仕訳事例8】をご覧下さい。

個人

(資産負債調)

図表 7−3　　　　　　　　（平成 21 年 12 月 31 日現在）

Key Word　前受収益

負　債　・　資　本　の　部

科　目	9月10日(期首)	12月31日(期末)
	円	円
借入金	0	11,917,321
未払金		
前受収益	0	140,000

> この前受収益 140,000 円は翌年分の家賃、共益費、駐車料の合計です。

事業主借		
元入金	2,000,000	2,000,000
青色申告特別控除前の所得金額		112,726
合　計	2,000,000	14,515,047

図表 7−4

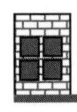

法人

貸借対照表

平成 21 年 12 月 31 日現在　　　（単位：円）

負債の部

　【流動負債】

　　前受収益　　　　　　　140,000

> 法人では、このように流動負債の部に表示します。

第7章　アパマン経理と複式簿記

仕訳事例 8　前受収益として処理した家賃等を翌期首に元に戻す仕訳

昨年末に前受収益として処理した仕訳につき、翌期首において元に戻した。

仕訳

● 前受収益として翌年に振り替えたときの仕訳

(2009年12月31日)

借　方		貸　方		摘　要
家賃収入	115,000	前受収益	115,000	2010年1月分　家賃
共益費収入	4,000	前受収益	4,000	2010年1月分　共益費
駐車料収入	21,000	前受収益	21,000	2010年1月分　駐車料
合　計	140,000	合　計	140,000	

● 翌期首において前受収益を元に戻す仕訳

(2010年1月1日)

借　方		貸　方		摘　要
前受収益	115,000	家賃収入	115,000	2010年1月分　家賃
前受収益	4,000	共益費収入	4,000	2010年1月分　共益費
前受収益	21,000	駐車料収入	21,000	2010年1月分　駐車料
合　計	140,000	合　計	140,000	

毎年正月には…

解説

226ページの【仕訳事例7】では翌年分の家賃等を翌年に繰り越すための仕訳についてご説明しました。そこで【仕訳事例8】では、いったん計上した仕訳を取り消す仕訳についてご説明します。

> この取り消すための仕訳をしないと、前受収益として処理した取引が永遠に損益に反映しなくなってしまうからです。

例えば、【仕訳事例7】で処理した前受収益は2010年1月分の家賃、共益費、駐車料の合計ですが、もし、この仕訳を取り消す仕訳をしないとどうなるでしょうか？

2月分は原則として1月中に入金されますが、これはあくまでも2月分です。また3月分以降も同様ですから、このままでは、この年度の収入は2月から12月の11ヵ月分しか計上されなくなってしまいます。

そのようなことから、いったん計上した前受収益は取り消して収益に振り替えてやる必要があるのです。なお、この取り消し仕訳は翌年の1月1日付けで行なうことになっています。

仕訳事例 9　敷金を清算するときの仕訳－通常のケース

4月20日に入居者が退去することになったので、敷金を清算して支払った。

● **預り敷金** ………… 345,000 円

● **日割り家賃等** …… 4月21日～4月30日分（3月末に4月分を入金済み）

・家賃 ………… $115,000 円 \times \dfrac{10 日}{30 日} ≒ 38,333 円$

・共益費 ……… $4,000 円 \times \dfrac{10 日}{30 日} ≒ 1,333 円$

・駐車料 ……… $21,000 円 \times \dfrac{10 日}{30 日} ≒ 7,000 円$

● **現状回復費**

工事内容	金　額	お客様負担分	オーナー負担分
塗装工事	112,000	40,000	72,000
水回りクリーニング	21,000	21,000	0
改修工事	45,000	22,000	23,000
小　　計	178,000	83,000	95,000
消費税	8,900	4,150	4,750
合　　計	186,900	87,150	99,750

水回りは最新のものにしないとな…

仕 訳

A) 修繕の手配をオーナー自ら実施するケース

借　方		貸　方		摘　要
修繕費	186,900	普通預金	186,900	リフォーム業者に支払ったときの仕訳
預り敷金	345,000	普通預金	304,516	雑収入は入居者負担の修繕費
家賃収入	38,333	雑収入	87,150	
共益費収入	1,333			
駐車料収入	7,000			
合　計	391,666	合　計	391,666	

B) 修繕の手配を管理会社が実施するケース

借　方		貸　方		摘　要
預り敷金	345,000	普通預金	491,416	修繕費はオーナー負担分
修繕費	99,750			
家賃収入	38,333			
共益費収入	1,333			
駐車料収入	7,000			
合　計	491,416	合　計	491,416	

解 説

　アパマン経営で最も難しい仕訳処理は敷金・保証金の清算処理です。これが正確に処理できるようになると立派な経理マンの仲間入りです。
　ところで入居者が退去する場合、一般的には次のような作業があります。

① 修繕箇所の確認・修繕費の査定
② 修繕の実施・部屋の掃除
③ 敷金・保証金の清算

お返ししますワ

これらの業務につき、すべてを専門の管理会社に依頼するケースもありますが、オーナー自らがすべてやってしまうケースもあります。手先が器用な方にとっては楽しみの一つかも知れません。

　当然ながら役割分担するケースもあります。例えば、退去時の立会いと敷金等の清算はオーナーがやるが、専門外の修繕については業者に任せるといったケースです。

　このように実際上は様々なケースに分かれているのですが、会計上重要なのは**修繕費の手配を誰が行なうか**という点です。仕訳例をご覧下さい。

まず「A. 修繕の手配をオーナー自ら実施するケース」です。

　修繕費 186,900 円をすべてオーナーが支払っています。自分で発注し、リフォーム業者にオーナー自ら代金を支払っているのです。そして、入居者（お客様）負担の修繕費 87,150 円については雑収入として計上しています。

　つまり修繕費（経費）と雑収入（売上）が両建てになっているわけです。この場合、オーナーの実質負担額は、修繕費 186,900 円から雑収入 87,150 円を差し引いた額 99,750 円ということになります。

次に「B. 修繕の手配を管理会社が実施するケース」です。

　修繕費 99,750 円が計上されていますが、これはオーナー負担の修繕費です。管理会社から請求が来ますので、それに基づいて支払うことになるわけです。なお、管理会社は当然ながら入居者にも入居者負担分を請求します。

　なお、管理会社はそれなりに手間がかかりますので、手数料分はリフォーム業者からの請求額にオンしてオーナー等に請求することになります。

233

このように書くと管理会社に依頼するほうが管理会社の手数料分だけソンする感じがするかも知れませんが、それはまったくの誤解です。

管理会社の依頼するリフォーム業者のほうが低料金でキチンとやってくれるかも知れませんし、自分で依頼するとなると意外と面倒なものです。

このようなことから実際上は修繕費の額が「**A.修繕の手配をオーナー自ら実施するケース**」と「**B. 修繕の手配を管理会社が実施するケース**」で異なりますが、ここでは仕訳のやり方を勉強するのが主眼ですから、修繕費の額は同じにしております。

ところで、オーナーの実質的な負担額が同額であった場合、両方のケースで所得に違いが生じるでしょうか？

これについては当然ながら所得金額は変わりません。したがって、所得税とか法人税は一緒ですが、**消費税** が違ってくるのです。

消費税の計算方法に原則課税方式と簡易課税方式の2種類がありますが、簡易課税方式の場合、売上金額だけで消費税の計算をします。

したがって、雑収入の額だけ売上が増える両建て経理のほうが当然ながら消費税の額は多くなります（原則課税方式の場合は変わりません）。

なお、アパマンの家賃は非課税ですから、通常の場合には消費税は関係ありません。しかしながら、非住居用（貸店舗、貸事務所等）の家賃とか駐車料は原則として消費税が課税されますので、もし消費税の納税義務者である場合には「A」、「B」のいずれに該当するかによって消費税の額が違ってきますので、ご注意下さい。

仕訳事例 10　敷金を清算するときの仕訳－滞納があるケース

家賃を滞納していた入居者が自己破産した上で退去した。

● 滞納家賃等の明細

＜前年度分→決算時点（2009年12月31日）で未収入金を計上＞

年　次	家　賃	共益費	合　計
2008年10月分	82,000	3,000	85,000
〃　　11月分	82,000	3,000	85,000
〃　　12月分	82,000	3,000	85,000
合　計	246,000	9,000	255,000

＜当年度分→退去時点（2010年2月5日）で未収入金を計上＞

年　次	家　賃	共益費	合　計
2009年1月分	82,000	3,000	85,000
〃　　2月分（※）	14,642	535	15,177
合　計	96,642	3,535	100,177

※2010年2月分は2月1日から2月5日（退去時点）までの日割り家賃等

● 預り敷金 …… 246,000円

厳しい世の中です…こういうことも、いつ我が身に降りかかってくるかわかりません。

仕訳

Key Word: 貸倒処理

● 決算時点（2009年12月31日）での仕訳

○未収入金の計上

借　方	貸　方	摘　要
未収入金　255,000	家賃収入　　246,000 共益費収入　　9,000	2009年10月、11月、12月分 〃　　〃
合　計　255,000	合　計　255,000	

● 退去時点（2010年2月5日）での仕訳

○未収入金の計上

借　方	貸　方	摘　要
未収入金　100,177	家賃収入　　96,642 共益費収入　3,535	2010年1月、2月分 〃　　〃
合　計　100,177	合　計　100,177	

○貸倒処理

借　方	貸　方	摘　要
預り敷金　246,000 貸倒損失　109,177	未収入金　355,177	未収入金と預り敷金を相殺 相殺できない未収入金を貸倒処理
合　計　355,177	合　計　355,177	

236

第 7 章　アパマン経理と複式簿記

解説

　アパマン経営をやっておりますと、どうしても家賃を滞納する人が出てきます。そうした人に限って、部屋を乱暴に使ったりしますので、オーナーとしてはたまったものではありません。

　しかしながら人生何が起きるか分かりません。突然リストラされたり会社が倒産することがありますから、入居者としても家賃を払うに払えなくなるケースが発生するのです。

　いくら入居審査を厳しくしてもダメなときはダメです。そこで通常はこういった事態に備えて、保証人を付けたり、家賃保証会社に家賃を保証してもらったりしているのですが、これとて万全ではありません。

　保証人自身に収入が途絶えるとか家賃保証会社が倒産するケースがままあるからです。このようなことから、家賃をもらえないことがあるのですが、ここではそういった場合の会計処理についてご説明いたします。

　まず、「決算時点(2009 年 12 月 31 日)での仕訳」をご覧下さい。

　未収入金 255,000 円を計上しております(個人の場合、貸借対照表には未収賃貸料と表示する)。内訳は家賃収入 246,000 円と共益費収入 9,000 円です。

　いずれも 2009 年の 10 月、11 月、12 月分の家賃と共益費です。これらを収入として計上するということは、それだけ所得が増えるわけですから、当然ながら所得税とか住民税が増えます。

237

入金になっていない収入がなぜ課税対象となるのか納得いかないかも知れませんが、これこそ会計の大原則である **発生主義** の考え方なのです。
　発生主義というのは要するに**相手方に対して請求権が発生した段階で収益に計上しなければならないという考え方**です。不動産賃貸業の場合で言えば、時の経過と共に請求権が発生するわけですから、その時点で収益に計上しなければなりません。

　この考え方は別に収益に限りません。費用の場合もまったく同じです。例えば、家賃の例で言えば、借りる側としてはたとえ家賃を支払っていなくても費用として計上できるのです。

> 当然ながら事業用として使用しているケースですが…

　その理由は時の経過と共に債務が発生しているからです。
　このように現在の企業会計は発生主義を採用しておりますので、現金の入出金とは関係なく、原則として債権・債務の発生という事実に基づいて収益および費用を計上しなければなりません。
　なお、発生主義に対する考え方として **現金主義** というものがあります。これは**文字通り、現金の入出金があったときに初めて記帳する方法**です。

　ところで、この未収入金を計上すべき時期ですが、

> 大会社でない限り
> ↓
> 決算時点だけでOK

です。

　決算時点で計上すれば少なくとも年間の所得は正確に計算できますので、あえて月次で計上する必要はありません。

次は、「退去時点（2010年2月5日）での仕訳」についてです。

この仕訳例では2010年1月分と、2月1日から退去日である5日までの日割り家賃等を未収入金として計上しております（実際は、その年度末に計上するケースが多いと思いますが・・・）。

退去するまでの家賃については請求権があるわけですから、このように請求権としての未収入金を正確に計上する必要があります。

ところで、この入居者が最終的に自己破産したため預り敷金と相殺しきれない額 109,177 円が回収できなくなったとすると、その時点で**貸倒損失**（かしだおれそんしつ）を計上することになります。　ここよ

なお、事例とは逆に未収入金の額が預り敷金よりも少ない場合には差額を入居者に返還することになります。

第8章

アパマン専用の会計ソフト「らくらく社計簿」のご紹介

簿記を習っただけではダメ。今じゃパソコン会計は当たり前。ここに紹介している「らくらく社計簿」だったら、アパマン経営者向けに作ってあるから、入力はいたって楽チン。
このオレだって使ってんだから、アンタもトライじゃ！

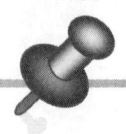

前章ではアパマン経営に関する複式簿記の基本を学んだわけですが、だからといって昔のように手書きで元帳とか試算表、あるいは決算書等を作成していたのではイヤになってしまいます。

　そこで実際はパソコンの会計ソフトを使用して仕訳データを入力することになります。

　ところで、こういった場合、すべての業種を対象とした汎用ソフトを使用するべきか、業種に特化した業種別ソフトを使用するべきか、選択に悩むことになります。

　アパマン経営の場合であっても例外ではありません。むしろアパマン経営ほど特殊な仕訳を要求される業種も珍しいと言えるかも知れません。

　その大きな理由は敷金とか保証金にあります。ご承知のようにアパートとかマンションを賃貸する場合、敷金等を預かることになるのですが、この処理が極めて難解なのです。

　今回ご紹介します「らくらく社計簿…アパマン編」はアパマン経営に特化した会計ソフトです。

　当社のお客様もほとんどが使用されておりますので、是非一度、ご検討いただければと思います。

① 「らくらく社計簿」の位置付け

　ご承知のようにアパートとか賃貸マンションを所有しておりますと毎年確定申告をする必要があります。そして、確定申告するためには常日頃からキチンと帳簿付けをしなければなりません。

　4室とか6室程度であれば大したことはありませんが、所有している物件数が数十室ほどになりますと、家賃等の入金消し込みだけでもかなり骨の折れる仕事になってきます。

　このような仕事は一般の会社であれば経理の人が行なっているのですが、それほど多くの物件を所有していない場合は、オーナーご自身、あるいはご家族の方が行なっているハズです。

　たとえ決算とか申告を会計事務所に依頼していても、少なくとも**家賃等の入金消し込みについてはご自身でやらないと未入金に対する迅速な対応ができません。**

　なお、専門の管理会社に入居者管理を委託している場合、月次で入金報告書が郵送されてきますが、サブリース契約でない限り、決算において入居者毎の**「不動産所得の収入の内訳」**を作成しなければなりませんので厄介です。

　このようにアパマン経営には他の業種とは異なる特殊な業務が存在するのですが、これらの事情をすべて勘案して開発したのが、今回ご紹介します「らくらく社計簿…アパマン編」です。

以下、このソフトの概要についてご説明させていただきますが、詳細については当社のホームページをご覧下さい。

　要するに、**入金管理とか会計管理といった比較的単純ではあるが手間がかかる業務は自分で行ない、決算とか申告といった専門分野については会計事務所に依頼するという役割分担を前提にした業務ソフトである**、ということになります。

　このようなやり方を一般に「**自計化（じけいか）**」と言っておりますが、こうすることにより会計事務所としては節税対策といった付加価値の高い業務に時間とエネルギーを投入することができるのです。

　また、そうした付加価値業務を特に必要としないのであれば、会計事務所に支払う報酬を若干マケテもらうことができるというわけです。

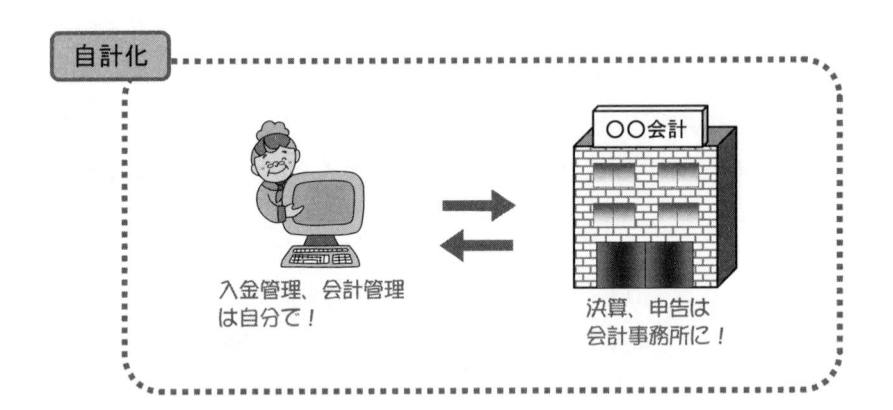

自計化

入金管理、会計管理は自分で！

決算、申告は会計事務所に！

② 特徴点　財務会計　入金管理　決算

家賃等の入金管理から決算までこの1本で完結!
家主さん、地主さんの強〜い味方です。

入金管理

① アパート、賃貸マンション、貸ビル、貸家、貸駐車場、貸地等ほとんど全ての物件に対応できます。

② 契約者台帳(マスター)に登録した賃貸条件が入金処理時に初期値として表示されるため、入金消し込みが簡単です。

③ 家賃等の入力データについては、何の操作をすることもなく自動的に仕訳データとして登録されます。

④ 「借入金台帳」が作成でき、現在借り入れている借入金や新しく借り入れる借入金について将来の推移をシミュレーションできます。

⑤ 「修繕履歴」、「クレーム履歴」等、詳細な物件情報を登録できます。

会計管理

① 個人と法人の両方に対応。個人の場合には税務署所定の決算書が自動的に作成できます(決算書のみを直接作成することも可能)。

② 通常必要となる帳簿(現金出納帳、預金出納帳、経費帳、試算表、総勘定元帳etc.)はすべて作成できます。
また、原則として、どの帳簿からでもデータを入力、修正することができます。

③ 減価償却費についてはデータをいったん登録しておけば毎期自動的に計算されます。
また、将来の推移まで計算できます。

④ 通常の会計ソフトとは異なり、次年度繰り越しというやり方ではなく、今期のデータを丸々コピーするという方法を採用しています。そのため今期の決算が終了していない段階でも次年度のデータを入力できます。

❸ ソフトの画面構成

①メインメニュー

図表8-1 はソフトを起動したとき最初に現れる画面で**メインメニュー**と言います。この画面から様々な処理画面に移動します。

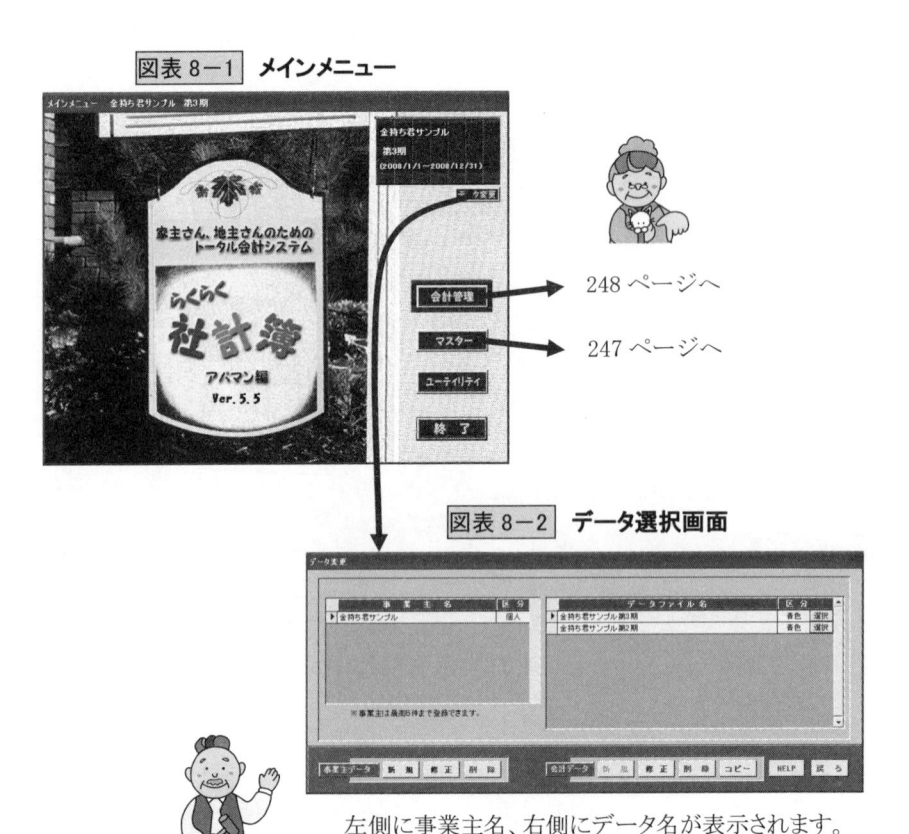

図表8-1 **メインメニュー**

→ 248ページへ
→ 247ページへ

図表8-2 **データ選択画面**

左側に事業主名、右側にデータ名が表示されます。
なお、事業主は全部で5件登録できます。

②マスター

通常の会計ソフトと同じく、最初はマスター登録からスタートします。

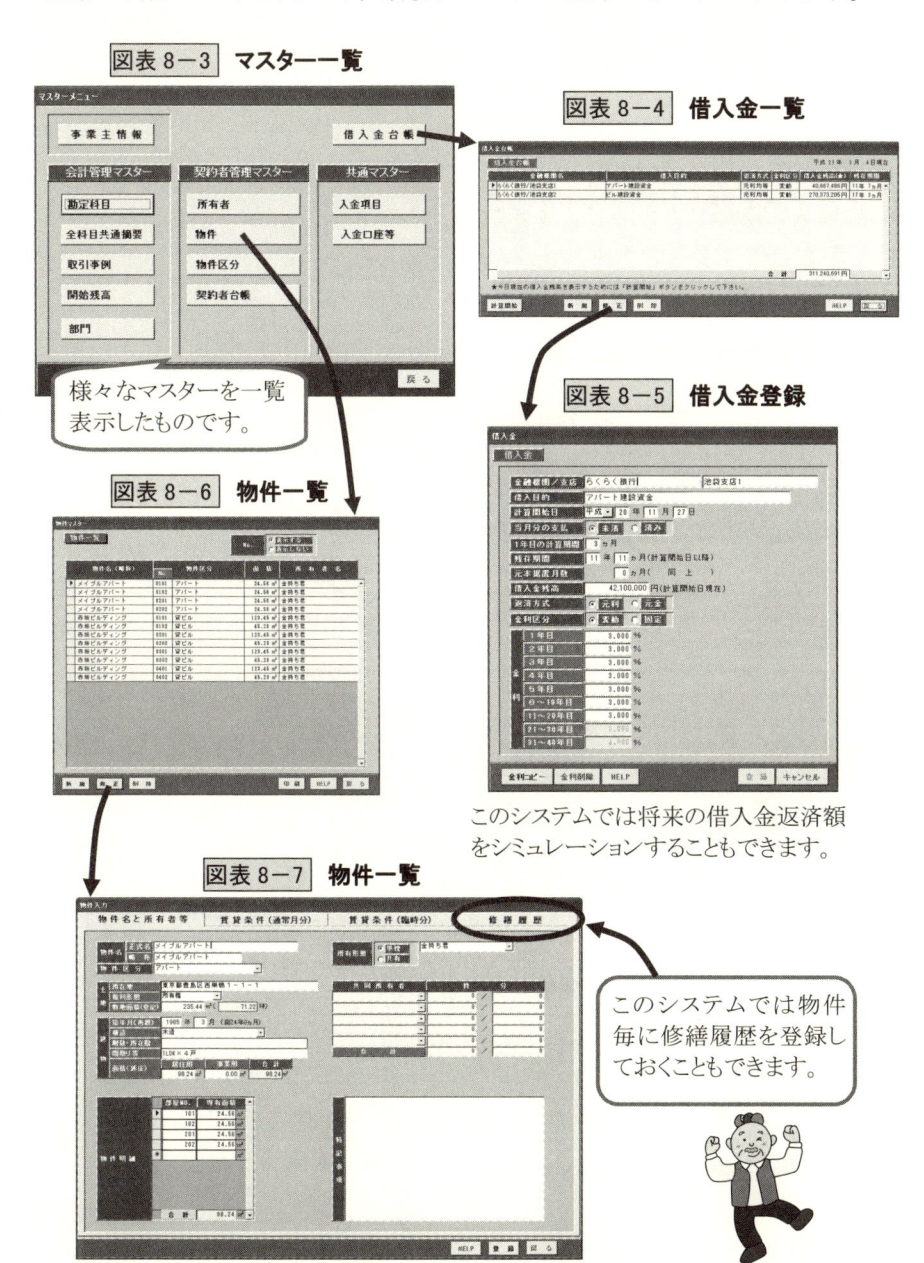

図表8-3　マスター一覧

様々なマスターを一覧表示したものです。

図表8-4　借入金一覧

図表8-5　借入金登録

このシステムでは将来の借入金返済額をシミュレーションすることもできます。

図表8-6　物件一覧

図表8-7　物件一覧

このシステムでは物件毎に修繕履歴を登録しておくこともできます。

247

③会計管理

図表8-8　会計管理のメニュー

図表8-1(246ページ)で「会計管理」ボタンをクリックしますと、図表8-8が表示されます。この画面は会計管理のメニューを表示したものです。

このシステムでは通常の会計ソフトと同じく、実に様々な画面からデータを入力できるようになっております。

249ページへ

図表8-9　預金出納帳

このシステムでは上段のような帳票入力方式と、下段のような単票入力方式の両方が用意されています。

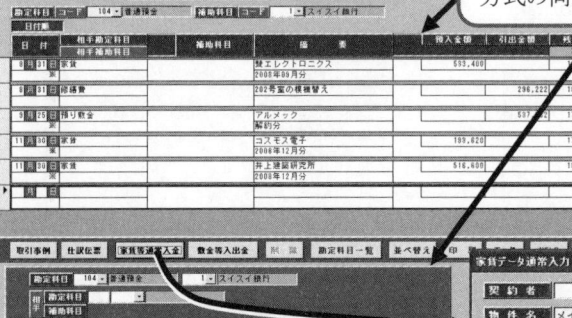

図表8-10　家賃等入力画面

アパマン経理で一番大変なのは家賃とか共益費、駐車料等を月単位で正確に集計することです。このシステムではマスターに登録した項目毎の入金予定が画面に表示されますので、比較的迅速に入金処理することが可能です。

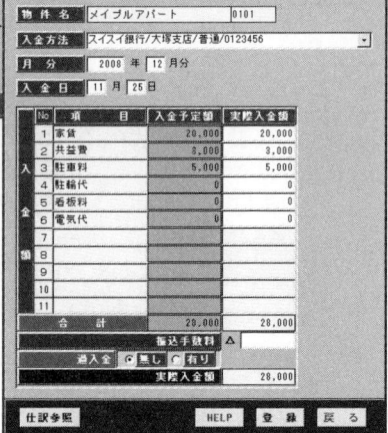

第 8 章　アパマン専用の会計ソフト「らくらく社計簿」のご紹介

図表 8-8 (248 ページ)で「**決算書**」ボタンをクリックしますと、図表 8-11 が表示されます。

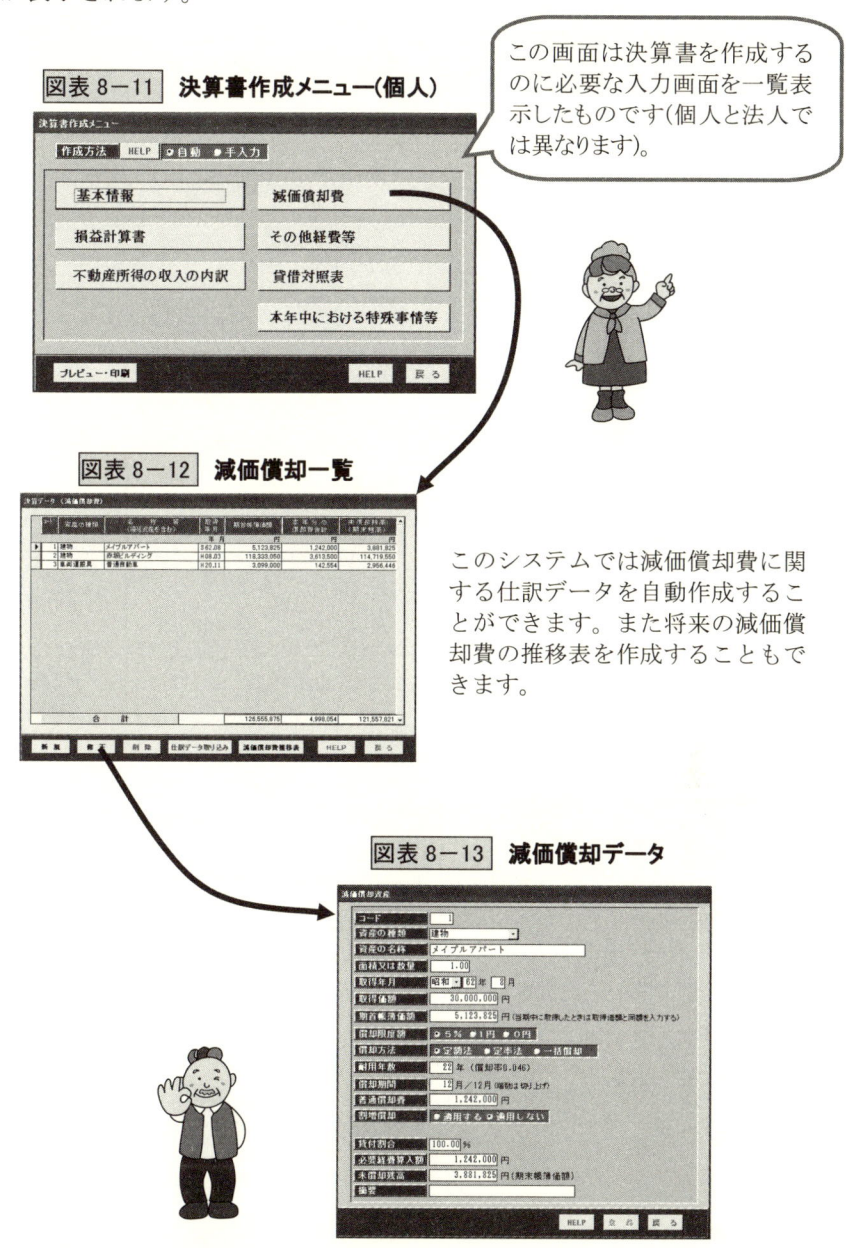

図表 8-11　**決算書作成メニュー(個人)**

> この画面は決算書を作成するのに必要な入力画面を一覧表示したものです(個人と法人では異なります)。

図表 8-12　**減価償却一覧**

> このシステムでは減価償却費に関する仕訳データを自動作成することができます。また将来の減価償却費の推移表を作成することもできます。

図表 8-13　**減価償却データ**

249

④ 作成帳票

この「らくらく社計簿・・・アパマン編」で作成できる帳票は次の通りです。

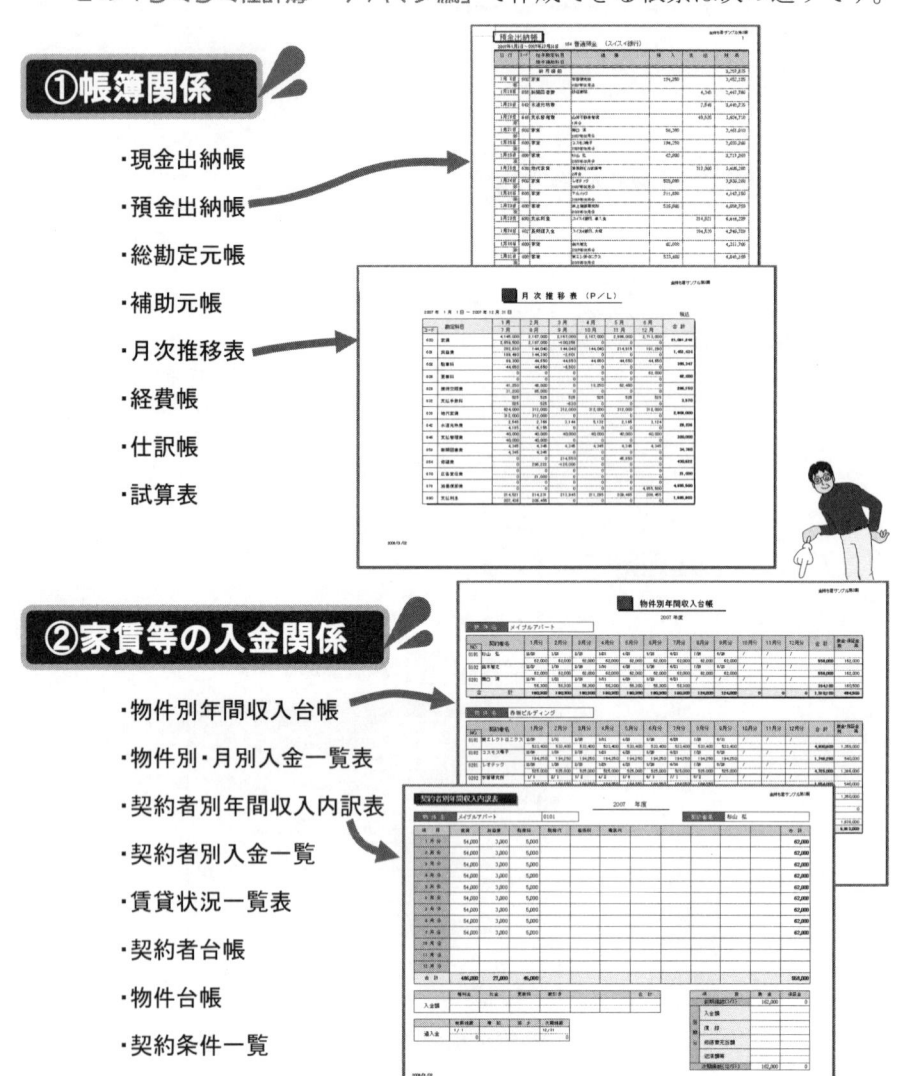

①帳簿関係

- ・現金出納帳
- ・預金出納帳
- ・総勘定元帳
- ・補助元帳
- ・月次推移表
- ・経費帳
- ・仕訳帳
- ・試算表

②家賃等の入金関係

- ・物件別年間収入台帳
- ・物件別・月別入金一覧表
- ・契約者別年間収入内訳表
- ・契約者別入金一覧
- ・賃貸状況一覧表
- ・契約者台帳
- ・物件台帳
- ・契約条件一覧

250

③決算書関係

- 表紙(法人のみ)
- 貸借対照表
- 損益計算書
- 販売費及び一般管理費(法人のみ)
- 株主資本等変動計算書(法人のみ)
- 個別注記表(法人のみ)
- 不動産所得の収入の内訳と給料賃金の内訳等
- 減価償却費の計算とその他経費等
- 科目別消費税集計表

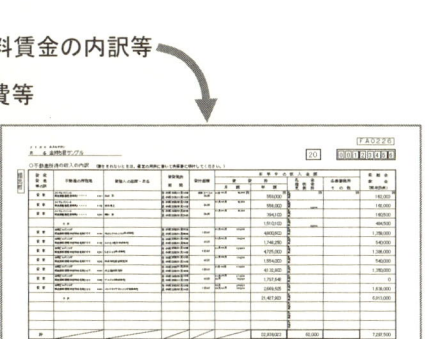

個人の場合、青色申告と白色申告の両方の帳票に対応しております。

④その他

- 借入金返済スケジュール(年次、月次)
- 減価償却費推移表

しかたに会計　業務案内

らくらくアパマン経理 CPA パックサービス
> 会計事務所に決算・申告を依頼したいお客様向け

「らくらく社計簿…アパマン編」等、独自に開発した様々な専用ソフトを使って、通常の会計処理から決算・申告、節税コンサルまでの全ての業務をパッケージにしたトータルサービスです。**「全てお任せコース」** と **「経理は自分でコース」** の2つのコースがあります。

キャッシュフロー改善コンサルティング
> 手取り収入をアップさせたいお客様向け

現状の所得、財産等を詳細に分析することにより、キャッシュフローの改善をご提案するサービスです。様々な節税方法があっても、どの方法が自分にとって最適なのかが分からないという方を対象としています。

消費税還付コンサルティング
> 建物に係る消費税につき還付を受けたいお客様向け

アパマンを取得した場合の建物に係る消費税につき還付請求するサービスです。独自に開発した専用ソフトを使用して、お客様に最も有利な還付を実現します。

相続対策コンサルティング
> 相続の事前対策をやっておきたいお客様向け

相続の事前対策ほど複雑で難解な業務はありません。また、サポートする専門家のセンスによって、これほど結果に雲泥の差が生じる分野もありません。**しかたに会計**では様々なシミュレーションソフトを駆使して、お客様にとって最適なプランをご提案いたします。

相続税申告サービス
> 相続が発生したお客様向け

実際に相続が発生した場合の相続税の申告サービスです。モメナイ遺産分割も大切ですが、配偶者がご健在の場合には分割のやり方1つで相続税（1次＋2次）とか所得税等がかなり違ってきます。**しかたに会計**では専用ソフトを使用して最も有利な分割方法をご提案いたします。

詳しくは…

詳しい内容、料金、お申込み等につきましては、当社ホームページをご覧下さい。
または、右記までメールでお問合せ下さい。

- HP
  http://www.stgate.co.jp
- メール
  shikatani@stgate.co.jp

著者紹介

鹿谷哲也 (しかたに・てつや)

㈱鹿谷総合研究所　代表取締役
公認会計士鹿谷会計事務所　所長
公認会計士・税理士

1952 年　香川県生まれ。
1976 年　慶應義塾大学商学部卒業。
1979 年　公認会計士試験合格と同時に、国際会計事務所の一つであるプライス・ウォーターハウス会計事務所に入所。会計監査に従事する。
1982 年　公認会計士辻会計事務所において、税務・商事法務の実務に携わる。
1984 年　新日本証券調査センター経営研究所において、全国各支店からの依頼による講演ならびに相続対策、資産運用、上場支援等を手がける。
1987 年　㈱鹿谷総合研究所を設立。相続対策等のコンピュータ・ソフトの開発、資産税対策、M&A等を主要な業務とする。
　　　　　この間、高知大学の非常勤講師を務める。

著書『相続対策失敗事例集』(新評論)
　　『新装改訂版　家主さん、地主さん、もっと勉強して下さい！』(新評論)
　　『アパマン経営・節税テクニック　これがすべてです！』(新評論)
　　『自分で考えるQ&Aアパート・マンション経営プラン』(ぎょうせい)

オーナー向け会計ソフトとか、アパマン等を建設した場合の長期事業収支計算ソフト等にご関心のある方は当社ホームページをご覧下さい。

〒171-0014
東京都豊島区池袋 2-42-3　オスカービル 7F　　㈱鹿谷総合研究所
TEL 03-5979-8900　　ホームページ　http://www.stgate.co.jp
FAX 03-5954-0440　　Eメール　shikatani@stgate.co.jp

アパマン経営、なぜ失敗するのか？
―――間違いだらけの投資判断を一刀両断！　　　　　　　　(検印廃止)

2009 年 6 月 28 日　初版第 1 刷発行

著　者　鹿谷　哲也
発行者　武市　一幸
発行所　株式会社　新評論

〒169-0051　東京都新宿区西早稲田 3-16-28
http://www.shinhyoron.co.jp

電話　03(3202)7391
FAX　03(3202)5832
振替　東京 6-113487

落丁・乱丁はお取替えいたします。
定価はカバーに表示してあります。

印刷　神谷印刷
製本　桂川製本
装幀　山田英春＋菅谷アキヨシ

©Tetsuya SHIKATANI 2009　　Printed in Japan
ISBN978-4-7948-0808-0　C0034

事業収支計画書作成ソフト等のご案内

当社ではアパートとか賃貸マンション等を建設提案する場合に必要な事業収支計算ソフトをはじめ、下記のような様々なソフトを開発・販売しています。
長いものでは既に20年以上にもわたり皆様方にご愛顧をいただいております。
これらのソフトにご興味のある方は当社ホームページをご覧下さい。

● 当社開発ソフト一覧 ●

ソフト名	ソフトの概要	ユーザー対象
らくらく社計簿 アパマン編	家主さん、地主さんのためのトータル会計システム。家賃等の入金管理から決算まで、このソフト1本で全て完結。個人と法人の両方に対応。	家主さん、地主さん etc.
土地活用 プランナー	地主の方にアパート、定借等、様々な土地活用メニューから最も適切な方法を選択していただくためのソフト。	会計事務所、FP、不動産コンサルタント etc.
アパート経営 プランナー	アパート等、比較的小規模な賃貸物件を建設した場合の収支、相続税の節税効果を計算するソフト。自宅併用アパート等でもOK。	不動産会社、建設会社、設計事務所 etc.
ビル経営 プランナー	貸ビル、賃貸マンション等を建設した場合の収支、相続税の節税効果を計算するソフト。一括借上げ等にも対応。	同　上
投資プランナー	アパート、ワンルームマンション、貸ビル等を購入した場合の収支、相続税の節税効果を計算するソフト。収益還元法による投資分析も可能。	不動産会社、不動産鑑定事務所 etc.
相続プランナー	土地の有効活用だけでなく、不動産の購入、生命保険の加入、連年贈与、養子縁組等を組み合わせた場合の相続税額を計算するソフト。	会計事務所、FP、不動産コンサルタント etc.
住宅ローン・プランナー	マイホーム（マンション、戸建て等）を取得した場合の収支、税金等を計算するソフト。通常の資金計画だけでなく、住宅ローン控除等も計算可。	業種を問いません。
リフォーム上手	リフォームに関する一連の書類を作成するソフト。長期修繕計画表からリフォーム提案書、見積書、工事請負契約書、請求書、領収書まで作成可。	リフォーム会社、不動産会社 etc.
ザ・鑑定マン 土地評価編	土地の相続税評価額を正確に計算するソフト。セットバックが必要な土地、容積率が異なっている土地等、様々な形態の土地に対応。	会計事務所、不動産鑑定事務所 etc.